MINISTÈRE
DE L'INSTRUCTION PUBLIQUE ET DES BEAUX-ARTS.

DIRECTION DES BEAUX-ARTS.

LÉGISLATION THÉÂTRALE.

RECUEIL

DES LOIS, DÉCRETS, ARRÊTÉS, RÈGLEMENTS, CIRCULAIRES,

SE RAPPORTANT

AUX THÉÂTRES ET AUX ÉTABLISSEMENTS D'ENSEIGNEMENT MUSICAL ET DRAMATIQUE.

PARIS.
IMPRIMERIE NATIONALE.

M DCCC LXXXVIII.

LÉGISLATION THÉÂTRALE.

RECUEIL

DES LOIS, DÉCRETS, ARRÊTÉS,

RÈGLEMENTS, CIRCULAIRES,

SE RAPPORTANT

AUX THÉATRES ET AUX ÉTABLISSEMENTS D'ENSEIGNEMENT MUSICAL ET DRAMATIQUE.

MINISTÈRE
DE L'INSTRUCTION PUBLIQUE ET DES BEAUX-ARTS.

DIRECTION DES BEAUX-ARTS.

LÉGISLATION THÉÂTRALE.

RECUEIL
DES LOIS, DÉCRETS, ARRÊTÉS,
RÈGLEMENTS, CIRCULAIRES,

SE RAPPORTANT

AUX THÉATRES ET AUX ÉTABLISSEMENTS D'ENSEIGNEMENT MUSICAL ET DRAMATIQUE.

PARIS.
IMPRIMERIE NATIONALE.

M DCCC LXXXVIII.

RAPPORT

AU MINISTRE DE L'INSTRUCTION PUBLIQUE

ET DES BEAUX-ARTS.

MONSIEUR LE MINISTRE,

Un décret du 23 août 1888, rendu sur votre proposition, a reconstitué la Commission consultative des théâtres qui avait fonctionné pendant longtemps au Ministère de l'Instruction publique et des beaux-arts. Les termes de ce décret définissent les attributions de la Commission d'une manière à la fois très précise et très large : tout ce qui se rapporte aux théâtres nationaux peut être proposé par vous à ses délibérations.

Il importe de réunir, à l'usage de cette Commission, les textes des décrets et règlements d'après lesquels elle sera appelée à délibérer et, pour la préserver de toute cause d'incertitude ou d'erreur, j'ai l'honneur de vous proposer de former un recueil de ces textes. Elle y trouverait un ensemble de renseignements actuellement disséminés dans les publications administratives les plus diverses.

Ce recueil pourrait figurer utilement à l'Exposition universelle de 1889. On y verrait avec quel esprit de suite et de haute intelligence artistique, la France contemporaine a recueilli la vieille tradition qui, dans notre pays, assure à l'art dramatique la protection constante de l'État et lui procure ainsi, avec une vitalité extraordinaire, un éclat qui n'a été ni surpassé ni égalé.

Si vous approuvez les considérations que j'ai l'honneur de vous soumettre, je vous prie de revêtir de votre signature le projet d'arrêté ci-joint.

Veuillez agréer, Monsieur le Ministre, l'expression de mes sentiments respectueux et dévoués.

Le Directeur des Beaux-Arts,

Signe : Gustave LARROUMET.

ARRÊTÉ.

Le Ministre de l'instruction publique et des beaux-arts,

Sur la proposition du Directeur des beaux-arts,

Arrête :

AARTICLEPREMIER.

Les principaux textes législatifs et administratifs régissant les théâtres nationaux, les théâtres libres et les écoles d'art dramatique et musical entretenues ou subventionnées par l'État, seront réunis en un recueil publié par les soins de la Direction des beaux-arts.

ART. 2.

Les fonds nécessaires à cette publication seront prélevés, pour un tiers, sur le chapitre 5 du budget ordinaire du service des Beaux-Arts et, pour deux tiers, sur les crédits affectés au même service pour l'Exposition universelle de 1889.

ART. 3.

Le Directeur des beaux-arts est chargé de l'exécution du présent arrêté.

Paris, le 28 septembre 1888.

Signé : Éd. LOCKROY.

A

DOCUMENTS RELATIFS
À LA LIBERTÉ DES THÉÂTRES.

DÉCRET

relatif à la liberté de l'industrie théâtrale.

NAPOLÉON, par la grâce de Dieu et la volonté nationale, EMPEREUR DES FRANÇAIS,

A tous présents et à venir, SALUT.

Vu les décrets des 8 juin 1806 et 29 juillet 1807;

Vu l'article 3, titre XI, de la loi des 16 et 24 août 1790;

Vu l'ordonnance du 8 décembre 1824;

Vu les arrêtés du Gouvernement des 25 pluviôse et 11 germinal an IV, 1er germinal an VII et 12 messidor an VIII;

Vu les ordonnances de police des 12 février 1828 et 9 juin 1829;

Vu la loi du 7 frimaire an V et le décret du 9 décembre 1809 sur la redevance établie au profit des pauvres ou des hospices;

Vu le décret du 30 décembre 1852;

Notre Conseil d'État entendu,

AVONS DÉCRÉTÉ et DÉCRÉTONS ce qui suit:

ARTICLE PREMIER.

Tout individu peut faire construire et exploiter un théâtre, à la charge de faire une déclaration au Ministère de notre Maison et des Beaux-Arts, et à la préfecture de police pour Paris; à la préfecture, dans les départements.

Les théâtres qui paraîtront plus particulièrement dignes d'encouragement pourront être subventionnés, soit par l'État, soit par les communes.

ART. 2.

Les entrepreneurs de théâtres devront se conformer aux ordonnances, décrets et règlements pour tout ce qui concerne l'ordre, la sécurité et la salubrité publics.

Continueront d'être exécutées les lois existantes sur la police et la fermeture des théâtres, ainsi que sur la redevance établie au profit des pauvres et des hospices.

ART. 3.

Toute œuvre dramatique, avant d'être représentée, devra, aux termes du décret du 30 décembre 1852, être examinée et autorisée par le Ministre de notre Maison et des Beaux-Arts, pour les théâtres de Paris; par les préfets, pour les théâtres des départements.

Cette autorisation pourra toujours être retirée pour des motifs d'ordre public.

ART. 4.

Les ouvrages dramatiques de tous les genres, y compris les pièces entrées dans le domaine public, pourront être représentés sur tous les théâtres.

ART. 5.

Les théâtres d'acteurs-enfants continuent d'être interdits.

ART. 6.

Les spectacles de curiosités, de marionnettes, les cafés dits *cafés-chantants*, *cafés-concerts* et autres établissements du même genre restent soumis aux règlements présentement en vigueur.

Toutefois, ces divers établissements seront désormais affranchis de la redevance établie par l'article 11 de l'ordonnance du 8 décembre 1824, en faveur des directeurs des départements, et ils n'auront à supporter aucun prélèvement autre que la redevance au profit des pauvres ou des hospices.

ART. 7.

Les directeurs actuels des théâtres, autres que les théâtres subventionnés, sont et demeurent affranchis envers l'Administration de toutes les clauses et conditions de leurs cahiers des charges, en tant qu'elles sont contraires au présent décret.

ART. 8.

Sont abrogées toutes les dispositions des décrets, ordonnances et règlements antérieurs dans ce qu'elles ont de contraire au présent décret.

ART. 9.

Le ministre de notre Maison et des Beaux-Arts est chargé de l'exécution du présent décret, qui sera inséré au *Bulletin des lois* et recevra son exécution à partir du 1er juillet 1864.

Fait au palais des Tuileries, le 6 janvier 1864.

Signé : NAPOLÉON.

Par l'Empereur :

Le Maréchal de France,

Ministre de la Maison de l'Empereur et des Beaux-Arts,

Signé : VAILLANT.

CIRCULAIRE

explicative du précédent décret.

Monsieur le Préfet, le décret impérial du 6 janvier dernier, qui supprime les privilèges auxquels l'exploitation des théâtres était assujettie, devant recevoir son exécution à partir du 1er juillet prochain, je crois utile de vous donner, dès à présent, quelques explications sur la marche à suivre pour l'application du décret, afin de prévenir toute difficulté d'interprétation et de vous mettre à même d'éclairer vos administrés sur les droits et les devoirs résultant pour eux du changement de législation.

Aux termes de l'article 1er, tout individu peut construire et exploiter un théâtre, à la charge de faire une déclaration au Ministère de la Maison de l'Empereur et des Beaux-Arts et à la préfecture de police, pour Paris, à la préfecture, dans les départements.

Une autorisation ministérielle n'est donc plus nécessaire comme par le passé, et le préfet lui même n'intervient pas pour autoriser la construction ou l'exploitation d'un théâtre dans son département; il reçoit la déclaration du constructeur et celle de l'exploitant, et se borne à faire respecter, aux termes de l'article 2, les ordonnances, décrets et règlements, pour tout ce qui concerne l'ordre, la sécurité et la salubrité publics.

Vous pouvez, à cet effet, consulter les ordonnances de police concernant les dispositions intérieures et extérieures à prendre pour la construction des théâtres, notamment celle du 9 juin 1829.

Une fois les salles construites, c'est à leur propriétaire, ou à tout entrepreneur qui s'en rend locataire, que l'exploitation théâtrale appartient, sans autre limite que celle de leur volonté, de leurs intérêts et de leurs droits.

Toute latitude étant donnée à l'industrie théâtrale, l'article 1er du décret du 6 janvier réserve à l'État et aux communes le droit de subventionner les théâtres qui paraîtraient plus particulièrement dignes d'encouragement. Pour le moment, Monsieur le Préfet, vos efforts doivent tendre à ce que les subventions existantes ne soient pas retirées et à ce qu'il en soit plutôt accordé de nouvelles, à la veille d'une épreuve qui veut être faite avec loyauté, mais avec prudence. Ainsi, le mouvement des lettres et des arts sera à la fois développé par la concurrence et soutenu par des libéralités utiles.

Si le décret du 6 janvier supprime les anciens privilèges dans l'intérêt de l'art et de l'industrie, il ne supprime aucune des garanties qui protégeaient la société, l'ordre et la morale; il les confirme au contraire, et c'est dans ce but que l'article 3 consacre la législation relative à la censure théâtrale, conformément au décret du 30 novembre 1852.

Je vous rappelle à ce propos, Monsieur le Préfet: 1° que c'est à vous qu'il appartient d'examiner et d'autoriser, s'il y a lieu, les pièces nouvelles destinées à être représentées, pour la première fois, sur un des théâtres de votre département; 2° que celles qui ont été interdites à Paris sont par cela même interdites pour toute la France; 3° que si, parmi celles qui y ont été autorisées, il s'en trouve que vous jugiez ne pouvoir être jouées sans danger dans votre département, vous avez toujours le droit d'en défendre la représentation, en m'en donnant avis. Les formalités ordinaires continueront donc à être observées; les brochures et les répertoires devront être visés comme d'habitude, et je vous adresserai, au moins une fois par an, le titre des pièces qui auraient pu être interdites.

Aux termes de l'article 4, les ouvrages dramatiques de tous les genres, y compris les pièces entrées dans le domaine public, pourront être représentés sur tous les théâtres.

Déjà les théâtres des départements jouissaient de cet avantage, et je ne vous rappelle les dispositions de l'article 4 que pour vous recommander de veiller à ce que les œuvres des maîtres soient exécutées, autant que possible, avec le respect qui leur est dû, et sans que le texte en soit altéré par aucune mutilation.

L'article 5 n'ayant pas besoin de commentaires, il me reste, Monsieur le Préfet, à appeler votre attention sur l'article 6, par lequel les spectacles de curiosités, de marionnettes, les cafés dits *cafés-chantants, cafés-concerts* et autres établissements du même genre, restent soumis aux règlements présentement en vigueur, mais sont toutefois désormais affranchis de la redevance établie par l'article 11 de l'ordonnance du 8 décembre 1824, en faveur des directeurs des départements.

La liberté accordée à l'industrie spéciale des théâtres ne s'étend pas et ne pouvait s'étendre à tous les établissements publics d'un autre ordre, et notamment aux cafés, qui, comme débits de boisson, sont, vous le savez, soumis à des règlements spéciaux. Vous pourrez, quand vous le jugerez convenable, autoriser les propriétaires des cafés à faire exécuter dans leurs établissements toute espèce de musique instrumentale, et chanter toute sorte de morceaux de musique, même de l'ordre le plus élevé, sans toutefois porter atteinte au droit des auteurs sur les ouvrages du répertoire moderne. Ces exécutions instrumentales et vocales devront toujours, comme par le passé, avoir lieu sans aucun costume ni travestissement, sans décors et sans mélange de prose, de danses et de pantomimes. Autrement, ce seraient de véritables théâtres, et la distinction établie par les articles 1 et 6 du décret ne serait pas respectée.

Les entrepreneurs de cafés-concerts et de cafés-chantants seraient d'autant moins fondés à se plaindre du maintien de cet état de choses qu'ils ont désormais la liberté de construire et d'exploiter des théâtres, si bon leur semble.

Par spectacles de curiosités et autres établissements du même genre que concerne aussi l'article 6, vous devez entendre les petits spectacles de physique et de magie, les panoramas, dioramas, tirs, feux d'artifices, expositions d'animaux, et tous les spectacles forains et d'exercices équestres qui n'ont ni un emplacement durable, ni une construction solide.

Affranchis de la redevance qu'ils payaient aux directeurs des théâtres, ces établissements n'auront plus à supporter qu'un prélèvement au profit des pauvres ou des hospices. La législation nouvelle sera donc pour eux un grand bienfait et leur condition se trouvera sensiblement améliorée.

Les articles 7, 8 et 9 délient, à partir du 1er juillet prochain, les directeurs actuels des théâtres, autres que les théâtres subventionnés, de toutes les clauses et conditions de leurs cahiers des charges, et abrogent les dispositions des décrets, ordonnances et règlements dans ce qu'elles ont de contraire au décret du 6 janvier.

Jusque-là, Monsieur le Préfet, et pendant cette période de temps qui sépare encore le régime des privilèges du régime de la liberté, vous ne pouvez mieux faire que de seconder les combinaisons qui seraient de nature à favoriser le maintien des théâtres qui existent et la construction de ceux qu'on voudrait établir dans de bonnes conditions, sans tenir compte des anciens arrondissements ni des anciens itinéraires, qui, ne répondant plus en rien aux besoins de l'époque, devaient cesser d'exister.

Les directeurs ne seront plus astreints à une réglementation uniforme pour les abonnements, les débuts, le tarif du prix des places et autres questions de détail. Ils pourront prendre, à cet effet, les mesures qu'ils jugeront convenables, et, de son côté, l'autorité locale devra veiller à ce que l'ordre public n'ait pas à en souffrir.

Si mon autorisation n'est plus nécessaire pour l'exploitation des théâtres, ni pour leur construction, je n'en conserverai pas moins le droit et le besoin d'être mis au courant de tout ce que produira, dans chaque département et dans chaque ville, la libre industrie des théâtres. Vous voudrez donc bien, Monsieur le Préfet, m'informer de la création de chaque nouvelle salle et des changements qui auront lieu dans les diverses exploitations.

J'ai tâché de prévoir les difficultés que pourrait soulever l'application du décret du 6 janvier dernier, et je me suis efforcé de vous mettre d'avance à même d'y pourvoir. Au besoin et dans le cas où des instructions nouvelles vous seraient nécessaires, je serai toujours prêt à vous les adresser. Je me résume aujourd'hui en vous disant que, pour obéir aux prescriptions du décret et répondre aux généreuses intentions de l'Empereur, vous devez chercher avant tout à concilier loyalement les droits nouveaux de l'industrie théâtrale avec les droits éternels de la société, de la morale et des arts.

Je vous prie, Monsieur le Préfet, de m'accuser réception de la présente circulaire, à laquelle je joins le texte du décret du 6 janvier, ainsi que le rapport qui le précédait et qui en explique la pensée.

Recevez, Monsieur le Préfet, l'assurance de ma considération très distinguée.

Le Maréchal de France,
Ministre de la Maison de l'Empereur et des Beaux-Arts,

Signé : VAILLANT.

B

ACADÉMIE NATIONALE DE MUSIQUE ET DE DANSE.

DÉCRET

confiant la gestion du Théâtre impérial de l'Opéra à un directeur-entrepreneur administrant à ses risques et périls.

NAPOLÉON, par la grâce de Dieu et la volonté nationale, EMPEREUR DES FRANÇAIS,

A tous présents et à venir, SALUT.

Vu le décret du 29 juin 1854, qui a placé la régie du théâtre impérial de l'Opéra dans les attribution de notre Maison;

Considérant qu'envisagée au point de vue des intérêts de l'art, la gestion de l'Opéra est digne de notre haute protection, mais que cette protection peut s'exercer autrement que par la régie de la liste civile impériale;

Considérant qu'à la gestion d'un théâtre, même de l'ordre le plus élevé, se rattachent un très grand nombre de questions présentant un caractère industriel et commercial, et dont le règlement est en conséquence peu compatible avec les habitudes et la dignité d'une administration publique;

Sur la proposition du Ministre de notre Maison et des Beaux-Arts,

AVONS DÉCRÉTÉ et DÉCRÉTONS ce qui suit :

ARTICLE PREMIER.

A partir du 15 avril prochain, la gestion du théâtre impérial de l'Opéra sera confiée à un directeur-entrepreneur administrant à ses risques et périls.

ART. 2.

Le directeur-entrepreneur fournira, pour la garantie de son exploitation, un cautionnement de cinq cent mille francs (500,000 fr.), qui sera déposé à la Caisse des dépôts et consignations.

Il devra se soumettre aux clauses et conditions du cahier des charges qui sera dressé par le Ministre de notre Maison et des Beaux-Arts.

ART. 3.

Indépendamment de la subvention allouée par l'État, le directeur-entrepreneur recevra, sur le budget de notre liste civile, une somme annuelle de cent mille francs (100,000 fr.).

Cette subvention de la liste civile sera déposée pendant les cinq premières années à la Caisse des dépôts et consignations, au nom du directeur-entrepreneur, pour accroître d'autant son cautionnement, et les sommes ainsi versées ne lui seront définitivement acquises qu'à la fin de son exploitation.

A partir de la sixième année, cette subvention lui sera payée directement.

ART. 4.

Le directeur-entrepreneur sera tenu d'exécuter tous les engagements contractés par l'administration de notre liste civile pour l'exploitation de l'Opéra, de quelque nature qu'ils soient.

ART. 5.

Les dispositions du décret du 14 mai 1856, qui a créé une caisse de retraite pour le personnel de l'Opéra, sont maintenues à l'égard des artistes, employés et agents présentement tributaires de cette caisse et de leurs ayants droit.

Toute mesure ayant pour objet même de modifier la condition des artistes, employés et agents tributaires de cette caisse ne pourra être prise par le directeur-entrepreneur qu'après avoir obtenu l'autorisation ministérielle.

Ladite caisse continuera à être administrée par la Caisse des dépôts et consignations, sous l'autorité et la surveillance du Ministre de notre Maison.

ART. 6.

Le Ministre de notre Maison et des Beaux-Arts est chargé de l'exécution du présent décret, qui sera inséré au *Bulletin des lois.*

Fait au palais des Tuileries, le 22 mars 1866.

Signé: NAPOLÉON.

Par l'Empereur:

Le Maréchal de France,
Ministre de la Maison de l'Empereur et des Beaux-Arts,

Signé: VAILLANT.

CAISSE SPÉCIALE

DES

PENSIONS DE RETRAITE

DU THÉÂTRE NATIONAL DE L'OPÉRA.

DÉCRET

instituant une Caisse spéciale de pensions de retraite pour le personnel du théâtre de l'Opéra.

NAPOLÉON, par la grâce de Dieu et la volonté nationale, EMPEREUR DES FRANÇAIS,

A tous présents et à venir, SALUT.

Sur le rapport du Ministre d'État et de notre Maison,

Vu l'avis de la Commission supérieure de l'Opéra,

AVONS DÉCRÉTÉ et DÉCRÉTONS ce qui suit :

ARTICLE PREMIER.

Il est créé, à partir du 1er juillet 1856, une *Caisse spéciale de pensions de retraite pour le théâtre impérial de l'Opéra,* qui sera gérée par l'administration de la Caisse des dépôts et consignations, sous l'autorité et la surveillance du Ministre de la Maison de l'Empereur.

TITRE PREMIER.

DES RESSOURCES DE LA CAISSE.

ART. 2.

Les recettes de cette caisse se composeront :

1° D'une retenue de 5 p. 100 sur tous traitements, appointements, feux assurés ou éventuels n'excédant pas 40,000 francs par an, et gages payés, à quelque titre que ce soit, au personnel de l'Opéra ;

2° Des retenues qui seront déterminées pour les absences autorisées et congés ;

3° Du produit des amendes et retenues disciplinaires ;

4° Du montant des dédits et condamnations judiciaires qui pourraient être prononcées au profit de l'administration du théâtre ;

5° Du produit de deux représentations extraordinaires ou d'une représentation et d'un bal donnés tous les ans par l'Opéra au profit de la caisse, soit d'une somme de 30,000 francs au moins ;

6° D'un fonds annuel de 20,000 francs, accordé par la liste civile et imputable sur la subvention allouée par le budget de l'État ;

7° Des arrérages de rentes appartenant à la caisse ;

8° Enfin des donations et legs faits à ladite caisse et dont l'acceptation ne pourra avoir lieu que dans les formes déterminées par l'article 910 du Code Napoléon.

ART. 3.

Aucun artiste, employé ou agent, appelé postérieurement au 1er juillet 1856 à faire partie du personnel de l'Opéra, ne pourra être exempté des retenues envers la caisse des retraites, si le montant de son traitement, y compris les feux, n'excède pas 40,000 francs par an.

Ces retenues ne pourront jamais être restituées.

ART. 4.

Les artistes, employés ou agents entrés à l'Opéra avec un traitement supérieur à 40,000 francs ne subiront pas les retenues au profit de la caisse des retraites et ne pourront réclamer le bénéfice du présent décret.

Les dispositions du présent décret ne sont pas non plus applicables aux artistes, employés et agents tributaires de l'ancienne caisse de l'Académie impériale de musique.

ART. 5.

Dans le cas où un artiste, employé ou agent, entré à l'Opéra dans les conditions indiquées à l'article 3, obtiendrait ultérieurement un traitement supérieur à 40,000 francs, il aura la faculté de continuer le versement des retenues, mais proportionnellement à la somme de 40,000 francs, quel que soit le chiffre du nouveau traitement.

Il devra faire connaître son option dans le délai d'un mois, à partir du nouvel engagement.

ART. 6.

Les ressources de la caisse sont exclusivement affectées au service des pensions à concéder, en vertu du présent décret, aux artistes, employés et agents de l'Opéra, à leurs veuves et orphelins.

Il ne pourra, sous aucun prétexte, en être rien détourné pour une autre destination.

ART. 7.

Les fonds provenant des ressources seront versés à la Caisse des dépôts et consignations, qui demeure exclusivement chargée du placement en rentes sur l'État et du payement des pensions, d'après les états nominatifs qui lui seront adressés par le Ministre.

ART. 8.

Un comité de cinq membres, choisis par le Ministre dans le personnel de l'Opéra et présidé par l'administrateur général, sera chargé de l'organisation des représentations à bénéfice au profit de la caisse des retraites.

Ce comité pourra être consulté par l'administrateur général sur l'application des retenues disciplinaires.

TITRE II.

DES PENSIONS DE RETRAITES.

ART. 9.

Ont droit à une pension de retraite :

1° *Après 20 ans de service,* les sujets du chant, les sujets de la danse et le personnel des ballets;

2° *Après 20 ans de service et à l'âge de 50 ans,* le chef d'orchestre, les musiciens solistes chefs de pupitre, le régisseur de la Seine, les chefs du chant, le maître des ballets, le chef machiniste;

3° *Après 25 ans de service et à l'âge de 50 ans,* les professeurs, régisseurs, accompagnateurs, les musiciens de l'orchestre, les choristes, les machinistes;

4° *Après 30 ans de service et à l'âge de 60 ans,* les fonctionnaires, employés et agents de l'administration, et toute personne attachée à l'Opéra à quelque autre titre que ce soit et non comprise dans les catégories qui précèdent.

Les congés accordés aux sujets du chant et de la danse, pendant lesquels les appointements ne sont pas payés, seront déduits du montant des années de service; néanmoins, cette déduction n'aura pas lieu si les artistes versent dans la caisse des retraites une somme équivalente aux retenues qu'ils auraient subies.

ART. 10.

Les services seront comptés :

Pour les sujets du chant, chefs d'orchestre, professeurs, chefs de chant et régisseurs, accompagnateurs, musiciens et choristes, à partir de l'âge de 18 ans;

Pour les sujets de la danse et le personnel des ballets, à partir de l'âge de 16 ans;

Pour le personnel non compris dans ces deux catégories, à partir de l'âge de 20 ans.

ART. 11.

La pension acquise pour la durée des services déterminée par l'article 9 est basée sur le traitement moyen des six dernières années, et réglée à raison d'un soixantième de ce traitement moyen par chaque année de service, sans qu'elle puisse dépasser, pour cette période de temps, les quotités ci-après fixées, savoir :

MOYENNE DES TRAITEMENTS.	
6,000f et au-dessous	2,500f de pension.
6,001 à 8,000f	2,700
8,001 à 10,000	2,900
10,001 à 12,000	3,100
12,001 à 15,000	3,300
15,001 à 18,000	3,500
18,001 à 20,000	3,800
20,001 à 24,000	4,000
24,001 à 28,000	4,300
28,001 à 32,000	4,500
32,001 à 36,000	4,800
36,001 à 40,000	5,000

ART. 12.

Chaque année de service en sus de la durée déterminée par l'article 9 donnera droit à une augmentation d'un vingtième, vingt-cinquième ou trentième de la pension réglée d'après les bases énoncées dans l'article précédent, sans que cet accroissement puisse excéder, dans aucun cas, les proportions suivantes :

Pour les traitements inférieurs à 1,500 francs, la moitié en plus de la pension ;

Pour ceux de 1,501 à 4,000 francs, le tiers en plus de la pension ;

Pour ceux de 4,001 francs et au-dessus, le quart en plus de la pension ;

Pour ceux de 20,001 francs et au-dessus, le cinquième en plus de la pension.

ART. 13.

En aucun cas, la pension acquise, à quelque titre que ce soit, ne pourra être inférieure à 100 francs, ni supérieure à 6,000 francs.

ART. 14.

Les services dans l'administration de l'État ou de la Liste civile et les services rendus dans les théâtres lyriques impériaux concourront avec ceux rendus à l'Opéra pour établir le droit à pension.

Néanmoins, la pension ne pourra être concédée que si les services spéciaux à l'Opéra ont atteint les deux tiers du temps exigé pour la retraite par l'article 9, et elle ne sera réglée que proportionnellement au temps de service pour lequel la retenue aura été exercée au profit de la caisse dont il s'agit ou au profit du trésor public.

ART. 15.

Les services dans les armées de terre et de mer concourront également pour l'établissement du droit à pension, pourvu toutefois que les services spéciaux à l'Opéra atteignent les deux tiers de la durée déterminée par l'article 9.

Si les services militaires de terre et de mer ont été déjà rémunérés par une pension, ils n'entreront pas dans le calcul de la liquidation; dans le cas contraire, leur liquidation est opérée d'après le minimum attribué à chaque grade par les tarifs annexés aux lois des 11 et 18 avril 1831.

TITRE III.

DES PENSIONS DE RÉFORME.

ART. 16.

Tout artiste, employé ou agent blessé au service de l'Opéra, et qui, par suite, sera reconnu dans l'impossibilité physique ou morale de continuer ses fonctions ou de les reprendre, aura droit à la liquidation immédiate de sa pension, quels que soient son âge et la durée de ses services.

ART. 17.

Pourront également obtenir une pension de réforme les artistes faisant partie du personnel du chant, de la danse et de l'orchestre, qui, par suite de l'affaiblissement des facultés artistiques, ne pourront plus remplir convenablement leur emploi, et qui justifieront des trois quarts du temps exigé pour l'établissement du droit à pension.

Il en sera de même des personnes faisant partie des autres services de l'Opéra, et qui, par suite d'infirmités graves résultant de l'exercice de leurs fonctions, se trouveraient dans l'impossibilité de les continuer, ou dont l'emploi aura été supprimé, pourvu, toutefois, qu'elles comptent cinquante ans d'âge et vingt ans de service.

ART. 18.

Les pensions de réforme seront liquidées proportionnellement au temps pendant lequel la retenue aura été exercée, et calculée sur le traitement moyen des six dernières années, à raison d'un trentième, pour chaque année de service, de la quotité de la pension fixée par l'article 11.

Toutefois, dans le cas de l'article 16, elle ne pourra être inférieure à la moitié de ladite quotité.

ART. 19.

Lorsque le traitement d'un artiste aura été réduit, sa pension sera réglée d'après une moyenne composée de trois années du traitement le plus faible dont il aura joui et de trois années du traitement le plus fort, à moins que la moyenne des six dernières années ne soit plus favorable.

TITRE IV.

DES VEUVES ET DES ORPHELINS.

ART. 20.

A droit à pension la veuve de l'artiste, employé ou agent qui a obtenu une pension en vertu du présent décret, ou qui a accompli la durée de service exigée par l'article 9, pourvu que le mariage ait été contracté cinq ans avant la cessation des services du mari, s'il s'agit d'une pension de retraite, ou deux ans seulement s'il s'agit d'une pension de réforme.

ART. 21.

A également droit à la pension la veuve de l'artiste ou employé qui aurait perdu la vie dans le cas prévu par l'article 16, ou qui mourrait dans les six mois des suites de ses blessures, pourvu que le mariage soit antérieur à l'accident.

ART. 22.

La pension de la veuve est du tiers de celle que le mari avait obtenue ou à laquelle il aurait eu droit, sans qu'en aucun cas elle puisse être inférieure à 100 francs.

ART. 23.

Le droit à pension n'existe pas pour la veuve dans le cas de séparation de corps prononcée sur la demande du mari.

ART. 24.

L'orphelin ou les orphelins mineurs d'un artiste, employé ou agent ayant obtenu pension, ou ayant accompli la durée du service exigée par l'article 9, ou ayant perdu la vie dans le cas prévu par les articles 16 et 21, ont droit, jusqu'à l'âge de 18 ans, à un secours annuel, lorsque la mère est ou décédée, ou inhabile à recueillir la pension, ou déchue de ses droits.

ART. 25.

Ce secours sera, quel que soit le nombre des enfants, égal à la pension que la mère aurait obtenue ou pu obtenir. Il sera partagé entre eux par égales portions et payé jusqu'à ce que le plus jeune des enfants ait atteint l'âge de 18 ans accomplis, la part de ceux qui décéderaient, ou celle des majeurs de 18 ans, faisant retour aux mineurs.

ART. 26.

S'il existe une veuve et un ou plusieurs orphelins mineurs provenant d'un mariage antérieur, il sera prélevé sur la pension de la veuve, et sauf réversibilité en sa faveur, un quart au profit de l'orphelin du premier lit, s'il n'en existe qu'un âgé de moins de 18 ans, et la moitié, s'il en existe plusieurs.

ART. 27.

La pension de retraite ou de réforme acquise par une femme au service de l'Opéra sera réversible, dans les mêmes proportions, sur les orphelins, même en cas de survie du mari.

ART. 28.

Les enfatns orphelins des artistes, employés et agents décédés pensionnaires ne peuvent obtenir de secours, à titre de réversion, qu'autant que le mariage dont ils sont issus aura précédé la mise à la retraite de leur père ou de leur mère.

TITRE V.

DE LA CONCESSION DES PENSIONS.

ART. 29.

Au commencement de chaque année, le Ministre se fait représenter le compte de situation de la caisse, et autorise, s'il y a lieu, les admissions à la retraite dans la limite des ressources disponibles; et, si les liquidations effectuées absorbent tous les revenus de la caisse, aucune pension nouvelle ne pourra être concédée.

L'admission à la retraite est prononcée par arrêté du Ministre, rendu sur la proposition de l'administrateur général de l'Opéra.

ART. 30.

Les pensions sont concédées par un décret de l'Empereur rendu sur le rapport du Ministre, avec l'avis de la Commission supérieure de l'Opéra et après revision par le Comité des finances du Conseil d'État.

La jouissance de la pension commence à partir du jour de la cessation d'activité, et, pour les veuves et orphelins, à partir du lendemain du décès du mari ou du père.

TITRE VI.

DISPOSITIONS GÉNÉRALES.

ART. 31.

Perd ses droits à une pension de retraite :

Tout artiste dont l'engagement aura été résilié pour manquement au service ou pour tout autre fait grave;

Tout employé ou agent démissionnaire, destitué ou révoqué d'emploi.

Cependant, en cas de réadmission à l'Opéra, le temps des premiers services sera compté pour la pension.

ART. 32 (1).

Tout artiste du chant, de la danse et de l'orchestre, titulaire d'une pension sur la caisse des retraites de l'Opéra, ne pourra jouer sur aucun théâtre à Paris, si ce n'est pour des représentations à bénéfice ou au profit d'une œuvre de charité quelconque, et après avoir obtenu l'autorisation du Ministre.

Il pourra également être autorisé par le Ministre à donner des représentations sur les théâtres des départements et de l'étranger, en renonçant au payement de sa pension pendant la durée de son engagement.

En cas de contravention, la pension sera supprimée.

ART. 33.

Nul ne pourra cumuler une pension acquise en vertu du présent décret avec un traitement d'activité à l'Opéra.

---

(1) Modifié par le décret du 21 novembre 1866. (Voir page 32.)

ART. 34.

Quand un artiste, employé ou agent, après avoir obtenu une pension, sera ultérieurement remis en activité de service, le payement de sa pension sera suspendu.

Mais, après la cessation de la nouvelle activité, la pension reprendra son cours, ou bien il sera procédé à une liquidation nouvelle sur l'intégralité de ses services.

ART. 35.

Les pensions sont incessibles; aucune saisie-arrêt ou retenue ne peut être exercée du vivant du pensionnaire que jusqu'à concurrence d'un cinquième pour les créances privilégiées, aux termes de l'article 2101 du Code Napoléon, et du tiers, dans les circonstances prévues par les articles 203, 205, 206, 207 et 214 du même Code.

ART. 36.

Les pensions seront payées par trimestre. Celles dont les arrérages n'auront pas été réclamés pendant trois années consécutives seront suspendues. Dans le cas où le pensionnaire se représenterait après la révolution desdites trois années, les arrérages ne commenceront à compter qu'à partir du trimestre dans lequel il aura réclamé le rétablissement de sa pension.

TITRE VII.

DISPOSITIONS TRANSITOIRES.

ART. 37.

Les artistes présentement attachés à l'Opéra, en vertu d'engagements, et qui ont été admis pour la première fois dans cet établissement avec un traitement n'excédant pas 40,000 francs, seront tenus de déclarer, dans un délai de quatre mois, à partir du 1er juillet 1856, s'ils entendent profiter des dispositions du présent décret.

Dans le cas de l'affirmative, les retenues prescrites par l'article 3 seront, à l'avenir, exercées sur leurs traitements, et l'effet de cette mesure remontera au 1er juillet 1856.

A l'égard des personnes attachées à l'Opéra sans engagement, les retenues seront exercées de plein droit sur leurs traitements à partir du 1er juillet prochain.

ART. 38.

Les artistes, employés et agents reconnus tributaires de la caisse des retraites pourront faire compter, pour la retraite, leurs services antérieurs à l'Opéra, à la charge par eux de prendre, dans le délai de quatre mois, l'engagement de verser à la caisse des retraites le montant de la retenue de 5 p. o/o sur tous leurs traitements antérieurs.

Ils seront autorisés, en outre, à se libérer soit par un payement unique, soit au moyen d'une nouvelle retenue de 5 p. o/o par mois, jusqu'à parfait payement.

ART. 39.

Ceux des tributaires de la caisse qui, ayant pris l'engagement de subir les retenues à l'avenir, n'auraient pas usé de la faculté de verser des retenues rétrospectives, pourront faire compter l'intégralité de leurs services antérieurs pour l'établissement du droit à pension ; mais la pension ne sera liquidée que proportionnellement au temps pendant lequel la retenue aura été exercée, et à raison, pour chaque année de service, d'un trentième de la quotité de la pension fixée par l'article 11.

ART. 40.

Les pensions liquidées en vertu des articles 38 et 39 ne seront servies et payées qu'à l'expiration de la dixième année postérieure au présent décret, et sans rappel d'arrérages antérieurs au 1er juillet 1866.

ART. 41.

Sont applicables à la liquidation et au payement des pensions les dispositions d'ordre et de comptabilité prescrites par la loi du 9 juin 1853 et le règlement d'administration publique du 9 novembre suivant, en tant qu'elles ne sont pas contraires au présent décret.

ART. 42.

Le Ministre d'État et de la Maison de l'Empereur est chargé de l'exécution du présent décret.

Fait au palais des Tuileries, le 14 mai 1856.

Signé : NAPOLÉON.

Par l'Empereur :

Le Ministre d'État et de la Maison de l'Empereur,

Signé : ACHILLE FOULD.

DÉCRET

supprimant le recrutement des tributaires de la Caisse des retraites [1].

NAPOLÉON, par la grâce de Dieu et la volonté nationale, EMPEREUR DES FRANÇAIS,

A tous présents et à venir, SALUT.

Vu, etc., etc.

....

AVONS DÉCRÉTÉ ET DÉCRÉTONS ce qui suit :

....

ART. 5.

Les dispositions du décret du 14 mai 1856, qui a créé une caisse de retraite pour le personnel de l'Opéra, sont maintenues à l'égard des artistes, employés et agents présentement tributaires de cette caisse et de leurs ayants droit.

Toute mesure ayant pour objet même de modifier la condition des artistes, employés et agents tributaires de cette caisse ne pourra être prise par le directeur-entrepreneur qu'après avoir obtenu l'autorisation ministérielle.

Ladite caisse continuera à être administrée par la Caisse des dépôts et consignations, sous l'autorité et la surveillance du Ministre de notre Maison.

....

Fait au Palais des Tuileries, le 22 mars 1866.

Signé : NAPOLÉON.

Par l'Empereur :

Le Maréchal de France,
Ministre de la Maison de l'Empereur et des Beaux-Arts,

Signé : VAILLANT.

---

[1] Extrait du décret inséré page 19 et confiant la gestion de l'Opéra à un directeur-entrepreneur.

DÉCRET

modifiant l'article 32 du décret du 14 mai 1856.

NAPOLÉON, par la grâce de Dieu et la volonté nationale, Empereur des Français,

A tous présents et à venir, salut.

Vu le décret du 14 mai 1856, portant règlement de la caisse des pensions de retraite du théâtre impérial de l'Opéra;

Sur le rapport du Ministre de notre Maison et des Beaux-Arts,

Avons décrété et décrétons ce qui suit :

ARTICLE PREMIER.

L'article 32 du décret susvisé est modifié ainsi qu'il suit :

Tout artiste du chant, de la danse et de l'orchestre, titulaire d'une pension sur la caisse des retraites du théâtre impérial de l'Opéra, pourra, sur sa demande, être autorisé par le Ministre à jouer sur les théâtres de Paris, des départements et de l'étranger, en renonçant au payement de sa pension, pendant la durée de son engagement.

En cas de contravention, la pension pourra être supprimée.

ART. 2.

Le Ministre de notre Maison et des Beaux-Arts est chargé de l'exécution du présent décret.

Fait à Compiègne, le 21 novembre 1866.

Signé : NAPOLÉON.

Par l'Empereur :

Le Maréchal de France,
Ministre de la Maison de l'Empereur et des Beaux-Arts,

Signé : VAILLANT.

RAPPORT

AU MINISTRE DE L'INSTRUCTION PUBLIQUE

ET DES BEAUX-ARTS.

Paris, le 12 octobre 1879.

Monsieur le Ministre,

Lorsque le théâtre de l'Opéra était régi par la liste civile, et pour son compte, un décret du 14 mai 1856 avait créé une caisse spéciale de pensions de retraite pour le personnel du théâtre, laquelle a fonctionné pendant dix années environ. Mais en 1866, à la date du 22 mars, intervint un autre décret qui, en rendant l'exploitation de l'Opéra à l'entreprise privée, ne laissa subsister le régime des pensions qu'au profit des artistes, employés et agents qui se trouvaient tributaires de la caisse à cette date, ou de leurs ayants droit.

Depuis 1866, le personnel de l'Opéra est donc divisé en deux catégories : les uns ont droit à pension, les autres n'y ont pas droit. Cette inégalité de condition, contraire aux principes de l'équité, aux règles même d'une bonne administration, a plusieurs fois appelé l'attention de l'administration des beaux-arts; et, au moment de la nomination d'un nouveau directeur de l'Opéra, il m'a paru que je devais rechercher les moyens de faire profiter du bénéfice des pensions le personnel qui en est privé dans l'état actuel des choses.

Pour arriver à ce résultat, deux voies étaient ouvertes :

Ou bien créer une seconde caisse coexistant avec celle qui fonctionne actuellement, et d'après les mêmes errements, dont une longue expérience a démontré l'excellente pratique;

Ou bien admettre comme tributaires de la première les artistes, employés et agents qui ne sont point habiles à l'être aujourd'hui, si l'adjonction de ces nouveaux participants ne vient pas nuire aux intérêts des anciens et léser les droits qu'ils ont acquis.

Or, cette éventualité n'est pas à craindre, car la caisse de l'Opéra, qui possède 120,000 francs de rentes 5 p. 0/0 sur l'État, n'a, en ce moment, à pourvoir qu'au service de 130 pensions, représentant une dépense de 101,080 francs; et son actif se compose, en outre :

Du montant annuel des retenues versées par les tributaires actuels, au nombre de 191, et s'élevant aujourd'hui à 31,985 francs ;

De diverses ressources donnant lieu, par année, à une recette de 40,000 francs environ.

Entre les recettes et les dépenses, il existe donc une marge suffisante pour faire face aux charges futures; il faut remarquer d'ailleurs que, dans le cas d'admission de participants nouveaux, il serait expressément stipulé qu'ils ne pourraient jouir de pensions avant une période de dix années écoulées, et dès lors les retenues qu'ils verseraient donneraient une garantie de plus pour le service des pensions de leurs devanciers.

Ainsi, cette combinaison n'offre que des avantages pour tout le personnel de l'Opéra; et, pour les réaliser, je n'hésite pas, Monsieur le Ministre, à vous proposer de faire revivre les dispositions du décret du 14 mai 1856, en y introduisant toutefois quelques modifications que je vais indiquer sommairement.

La retenue ne serait plus obligatoire que pour les artistes, employés et agents dont les traitements n'excéderaient pas 12,000 francs; elle serait facultative à l'égard de ceux qui jouiraient de traitements supérieurs, quel qu'en soit le chiffre.

Les artistes du chant, de la danse et de l'orchestre, devenus titulaires d'une pension de retraite, même la plus minime, ne pouvaient jouer sur les théâtres de Paris et des départements qu'avec l'autorisation du Ministre et en renonçant aux arrérages de leurs pensions pendant la durée de leurs engagements. Cette disposition ne sera maintenue, à l'avenir, que pour les artistes jouissant d'une pension supérieure à 3,000 francs, sauf le cas où ils reprendraient du service à l'Opéra.

Je ne terminerai pas sans mentionner que la caisse, ainsi réorganisée, continuera à être administrée par le Sous-Secrétaire d'État des beaux-arts, sous l'autorité du Ministre et avec le concours de la Caisse des dépôts et consignations.

Si les diverses mesures dont je viens d'avoir l'honneur de vous entretenir obtiennent votre approbation, je vous prie, Monsieur le Ministre, de vouloir bien les faire sanctionner, en présentant à la signature du Président de la République le projet de décret ci-joint.

Veuillez agréer, Monsieur le Ministre, l'hommage de mon respectueux dévouement.

Le Sous-Secrétaire d'État des Beaux-Arts,

Signé : EDMOND TURQUET.

Vu et approuvé :

Le Ministre de l'Instruction publique et des Beaux-Arts,

Signé : JULES FERRY.

DÉCRET

rétablissant le fonctionnement de la Caisse de retraite.

Le Président de la République française,

Vu le décret du 14 mai 1856, portant création d'une caisse spéciale de pensions de retraite pour le théâtre national de l'Opéra;

Vu le décret du 22 mars 1866 qui, en rendant à l'entreprise privée la gestion de ce théâtre, n'a maintenu le régime des pensions qu'au profit des artistes, employés et agents qui se trouvaient à cette date tributaires de la caisse, ou à leurs ayants droit [1];

Considérant qu'il importe de faire cesser cette inégalité de situation entre des personnes attachées au même théâtre;

Considérant qu'il est possible, en ménageant tous les intérêts, d'étendre à la généralité des artistes employés et agents, les avantages qu'une minorité seulement peut retirer aujourd'hui de cette institution, à la charge, bien entendu, de les assujettir aux mêmes obligations;

Considérant qu'il convient, en outre, d'apporter aux dispositions du décret du 14 mai 1856 quelques modifications indiquées par l'expérience, ou plus compatibles avec le système de l'entreprise privée;

Sur le rapport du Ministre de l'instruction publique et des beaux-arts,

Décrète :

ATICLE PREMIER.

Est rétabli le fonctionnement de la caisse spéciale des pensions de retraite pour le théâtre national de l'Opéra, tel qu'il a été constitué par le décret du 14 mai 1856.

En conséquence, et à partir du 1er novembre 1879, seront applicables les dispositions dudit décret à tous les artistes, employés et agents dont les traitements n'excèdent pas 12,000 francs.

Toutefois, les artistes actuellement attachés à l'Opéra en vertu d'engagements, et non encore tributaires de la caisse, ne le deviendront que de leur consentement, et, dans ce cas, ils seront tenus de faire connaître leur option dans un délai de quatre mois, à partir du 1er novembre 1879.

---

[1] Voir l'extrait de ce décret, page 31.

ART. 2.

Pourront, sur leurs demandes, et avec une autorisation du Ministre, devenir tributaires de la caisse, les artistes qui jouissent de traitements supérieurs à 12,000 francs, quel qu'en soit le chiffre.

La demande devra être formée, par ceux qui sont présentement engagés, dans un délai de quatre mois, à partir du 1er novembre 1879.

Le délai sera de deux mois pour ceux qui seront engagés à l'avenir.

ART. 3.

Les nouveaux tributaires de la caisse seront admis à verser des retenues rétroactives pour leurs services antérieurs au 1er novembre 1879.

ART. 4.

Sont affectés aux recettes de la caisse :

1° Le produit de la retenue de 5 p. 100 sur tous traitements, appointements, feux assurés ou éventuels des tributaires;

2° Le produit de toutes les amendes et retenues disciplinaires;

3° Un fonds annuel de 20,000 francs, imputable sur la subvention annuelle de l'Opéra, allouée par le budget de l'État;

4° Un fonds annuel de 20,000 francs, versé par le directeur de l'Opéra, soit à l'aide de représentations spéciales organisées par lui, soit de ses propres deniers;

5° Les arrérages de rentes appartenant à la caisse;

6° Les donations et legs qui pourraient être faits à ladite caisse et dont l'acceptation ne pourra avoir lieu que dans les formes déterminées par l'article 910 du Code civil.

ART. 5.

L'admission à la retraite des tributaires est prononcée par arrêté du Ministre, sur la demande du directeur et sur la proposition du Sous-Secrétaire d'État des beaux-arts.

ART. 6.

Les pensions à liquider en vertu des articles qui précèdent ne seront servies et payées qu'après une période de dix années écoulées, et sans rappel d'arrérages antérieurs au 1er novembre 1889.

ART. 7.

Tout artiste du chant, de la danse et de l'orchestre, titulaire d'une pension de retraite dont le chiffre n'excède pas 3,000 francs, pourra jouer sur les théâtres de Paris et des départements sans l'autorisation du Ministre, sauf le cas où il reprendrait du service à l'Opéra.

ART. 8.

Sont remises en vigueur toutes les prescriptions du décret du 14 mai 1856 auxquelles il n'est pas dérogé spécialement par le présent décret.

ART. 9.

Le Ministre de l'instruction publique et des beaux-arts est chargé de l'exécution du présent décret.

Fait à Paris, le 15 octobre 1879.

Signé : JULES GRÉVY.

Par le Président de la République :

Le Ministre de l'Instruction publique et des Beaux-Arts,

Signé : JULES FERRY.

DÉCRET

relatif à la liquidation de la Caisse de retraite instituée au profit des Artistes et Employés de l'Opéra.

Le Président de la République française,

Vu le décret du 14 mai 1856 portant création d'une caisse spéciale de pensions de retraite pour le théâtre national de l'Opéra;

Vu le décret du 22 mars 1866, qui, en rendant à l'entreprise privée la gestion de ce théâtre, n'a maintenu le régime des pensions qu'au profit des artistes, employés et agents qui se trouvaient, à cette date, tributaires de la caisse ou à leurs ayants droit;

Vu le décret du 15 octobre 1879 portant rétablissement du régime des pensions;

Sur le rapport du Ministre de l'instruction publique et des beaux-arts,

Décrète :

ARTICLE PREMIER.

Il sera procédé à la liquidation de la caisse de retraite instituée au profit des artistes et employés de l'Opéra.

En conséquence, les dispositions des décrets du 14 mai 1856 et du 15 octobre 1879 cesseront d'être appliquées aux artistes et employés admis à partir du 1er avril prochain.

ART. 2.

Les tributaires de la caisse qui auront interrompu leur service pendant plus d'une année, pour tout autre motif que le service militaire ou une maladie régulièrement constatée, seront considérés comme démissionnaires.

S'ils sont de nouveau admis à l'Opéra, ils ne pourront participer aux avantages de la caisse des retraites.

ART. 3.

Ceux des employés et agents appartenant actuellement aux services de l'administration, de la scène, du contrôle, des bâtiments, des décorations, des costumes et de la figuration, qui ont été assujettis au payement de la retenue de 5 p. 100, en vertu du décret du 15 octobre 1879, pourront, dans un délai de six mois, à dater de ce jour, réclamer le remboursement des versements effectués par eux.

Il sera bonifié sur le montant des retenues annuelles un intérêt simple de 4 p. 100, calculé à la date du remboursement.

Les dispositions des deux paragraphes précédents pourront être étendues aux tributaires des autres services de l'Opéra par un arrêté ministériel rendu dans le cours de la présente année. Le délai de six mois courra de la date de cet arrêté.

ART. 4.

Il ne sera plus accordé de pensions de réforme, dans les conditions prévues à l'article 17 du décret du 14 mai 1856, aux tributaires des services de l'administration, de la scène, du contrôle, des bâtiments, des décorations, des costumes et de la figuration admis depuis 1879.

Ceux qui justifieront être dans les conditions prévues audit article pourront, après avis conforme de la commission, dont il sera parlé à l'article suivant, obtenir le remboursement de leurs retenues avec intérêts simples de 4 p. 100.

Les mêmes mesures seront appliquées aux artistes du chant, des chœurs, de la danse, du ballet et de l'orchestre, si un arrêté ministériel, rendu en conformité de l'article précédent, autorise le remboursement des retenues aux tributaires de ces différents services.

ART. 5.

La liquidation sera opérée par les soins d'une commission composée de la manière suivante :

Un conseiller d'État, président;

Deux représentants de l'administration des finances;

Deux représentants de l'administration des beaux-arts;

Un représentant de la caisse des dépôts et consignations;

Le directeur de l'Opéra;

Deux artistes ou employés de l'Opéra, tributaires de la caisse des retraites, dont un au moins admis depuis 1879.

Les membres de la commission seront nommés par un décret, sur la proposition du Ministre de l'instruction publique et des beaux-arts.

La commission élira son vice-président.

Le secrétaire et le secrétaire adjoint seront nommés par arrêté ministériel.

ART. 6.

La commission déterminera annuellement, d'après les ressources de la caisse, le chiffre que l'ensemble des liquidations ne pourra pas dépasser pendant l'année; elle statuera sur les achats, ventes ou conversions de valeurs, elle donnera son avis sur toutes les autres questions intéressant la caisse.

Les fonds de la caisse pourront être placés soit en rentes sur l'État, soit en obligations de chemins de fer français, de la ville de Paris, ou du Crédit foncier de France.

Les titres resteront déposés à la Caisse des dépôts et consignations, qui demeure chargée de la gestion de la caisse.

ART. 8.

Les dispositions de détail relatives au remboursement des retenues seront réglées par décision ministérielle.

ART. 9.

Sont abrogées les dispositions des décrets du 14 mai 1856, du 22 mars 1866, du 15 octobre 1879, contraires aux prescriptions du présent décret.

ART. 10.

Le Ministre de l'instruction publique et des beaux-arts est chargé de l'exécution du présent décret, qui sera publié au *Journal officiel* et inséré au *Bulletin des lois.*

Fait à Paris, le 26 mars 1887.

Signé : JULES GRÉVY.

Par le Président de la République :

Le Ministre de l'Instruction publique
et des Beaux-Arts,

Signé : BERTHELOT.

ARRÊTÉ

relatif à l'exécution du décret du 26 mars 1887.

Le Ministre de l'instruction publique, des cultes et des beaux-arts,

Vu l'arrêté en date du 17 novembre 1886 ayant constitué une commission d'examen et de réforme de la caisse de retraite du théâtre national de l'Opéra créée par les décrets des 14 mai 1856 et 15 octobre 1879;

Vu le décret du 26 mars 1887 réglant le mode de liquidation de la caisse de retraite de ce théâtre,

Arrête :

ARTICLE PREMIER.

Les dispositions des décrets des 14 mai 1856 et 15 octobre 1879 cesseront d'être appliquées aux artistes, employés et agents admis au théâtre national de l'Opéra, à partir du 1er avril 1887.

En conséquence, les traitements de ces agents ne seront pas soumis à une retenue de 5 p. 100 au profit de la caisse de retraite de ce théâtre.

ART. 2.

Sont admis à la faveur de l'option entre la continuation de leurs versements à la caisse de retraite au théâtre national de l'Opéra, modifiée par les décrets des 26 mars et 7 avril 1887 [1], et le remboursement de leurs retenues avec intérêt de 4 p. 100 l'an, ceux des tributaires admis en vertu du décret du 15 octobre 1879 appartenant aux services suivants :

Administration. *Costumes.* *Scène.*
Bâtiments. *Décoration.*
Contrôle. *Figuration.*

ART. 3.

Le délai d'option pour ces tributaires est de six mois, à partir du 1er avril 1887. L'intérêt pour les retenues de chaque année sera compté depuis le 1er janvier de l'année suivante jusqu'au 30 septembre 1887.

[1] Le décret du 7 avril 1887 pourvoit à la nomination des membres de la commission de liquidation instituée conformément à l'article 5 du décret du 26 mars 1887.

Les tributiares qui auront fait connaître leur renonciation à la caisse avant le 1er septembre prochain recevront les sommes qui leur sont dues dans la première quinzaine d'octobre 1887. Ceux des tributaires qui auront opté pour le remboursement dans le courant de septembre seront remboursés dans la première quinzaine de novembre 1887.

ART. 4.

Tout tributaire appartenant aux services désignés dans l'article 2 et qui n'aura pas réclamé dans le délai de six mois le remboursement sera tenu de continuer ses versements de 5 p. 100 à la caisse de retraite.

La demande de remboursement ne peut être admise qu'autant qu'elle a été produite par un tributaire actuellement en fonctions à la date de sa demande.

ART. 5.

Le Directeur des beaux-arts et le Chef du service du bureau des théâtres sont chargés de l'exécution du présent arrêté.

Paris, le 28 mars 1887.

Signé : E. SPULLER.

ARRÊTÉ

complétant les dispositions de l'arrêté précédent.

Le Ministre de l'instruction publique, des cultes et des beaux-arts,

Vu l'arrêté en date du 17 novembre 1886 ayant constitué une commission d'examen et de réforme de la caisse de retraite du théâtre national de l'Opéra créée par les décrets des 14 mai 1856 et 15 octobre 1879;

Vu le décret du 26 mars 1887 réglant le mode de liquidation de la caisse de retraite de ce théâtre,

Arrête :

ARTICLE PREMIER.

Sont admis à la faveur de l'option entre la continuation de leurs versements à la caisse de retraite du théâtre national de l'Opéra, modifiée par les décrets des 26 mars et 7 avril 1887, et le remboursement de leurs retenues avec intérêt de 4 p. 100 l'an, ceux des tributaires admis en vertu du décret du 15 octobre 1879 appartenant aux services suivants :

Chant. *Danse.* *Orchestre.*
Chœurs. *Ballet.*

ART. 2.

Le délai d'option pour ces tributaires est de six mois, à partir du 1er septembre 1887. L'intérêt pour les retenues de chaque année sera compté du 1er janvier de l'année suivante jusqu'à fin février 1888.

Les tributaires qui auront fait connaître leur renonciation à la caisse avant le 1er février prochain recevront les sommes qui leur sont dues dans la première quinzaine de mars 1888. Ceux des tributaires qui auront réclamé le remboursement dans le courant de février seront remboursés dans la première quinzaine d'avril 1888.

ART. 3.

Tout tributaire appartenant aux services désignés dans l'article 1er et qui n'aura pas réclamé le remboursement dans le délai de six mois sera tenu de continuer ses versements de 5 p. 100 à la caisse de retraite.

La demande de remboursement ne peut être admise qu'autant qu'elle a été produite par un tributaire en activité de service à la date de sa demande.

ART. 4.

Le Directeur des beaux-arts et le Chef du service du bureau des théâtres est chargé de l'exécution du présent arrêté.

Paris, le 1er septembre 1887.

Signé : E. SPULLER.

DÉCRET

concernant les mineurs tributaires de la Caisse de retraite.

Le Président de la République française,

Sur le rapport du Ministre de l'instruction publique et des beaux-arts;

Vu le décret du 26 mars 1887 relatif à la liquidation de la caisse de retraite instituée au profit des artistes et employés de l'Opéra;

Vu l'avis de la commission de liquidation, en date du 9 juillet 1888,

Décrète :

ARTICLE PREMIER.

Les artistes de l'Opéra qui ont déclaré, dans les délais fixés par le décret susvisé, renoncer au bénéfice de la caisse de retraite et dont la déclaration n'a pu être reconnue valable en raison de leur âge pourront, dans les trois mois qui suivront leur majorité, s'ils appartiennent encore à cette époque au personnel de l'Opéra, renouveler leur option et recevoir le remboursement des retenues versées par eux avec bonification des intérêts simples à 4 p. 100 calculés jusqu'à la date du remboursement.

ART. 2.

Le Ministre de l'instruction publique et des beaux-arts est chargé de l'exécution du présent décret qui sera inséré au *Journal officiel* et publié au *Bulletin des lois*.

Fait à Paris, le 31 juillet 1888.

Signé : CARNOT.

Par le Président de la République :

Le Ministre de l'Instruction publique
et des Beaux-Arts,

Signé : Éd. LOCKROY.

C

COMÉDIE-FRANÇAISE.

SOCIÉTÉ

ENTRE MESDAMES ET MESSIEURS

LES COMÉDIENS FRANÇAIS.

Articles de l'acte de Société d'entre les comédiens français, passé devant Me Hua, le 27 germinal an XII.

ARTICLE PREMIER.

Les comédiens français comparants se sont associés pour l'exploitation du Théâtre-Français, à Paris.

ART. 2.

Cette société a commencé à compter du 1er pluviôse an XI et sa durée est illimitée.

ART. 3.

Elle sera purement commanditaire sous l'autorité expresse du Gouvernement, au moyen de quoi chacun desdits sociétaires partagera les bénéfices de la société, en raison de la portion qu'il y aura, et en supportera les charges dans la même proportion, seulement sur les produits de ladite portion, sans qu'il puisse être établi aucune solidarité entre eux, et sans que leurs biens meubles et immeubles personnels en soient aucunement chargés.

ART. 4.

La société se divise en vingt-cinq parts qui seront réduites à vingt-trois, dont une restera en séquestre pour les besoins imprévus.

Ces vingt-cinq parts seront distribuées et appartiendront auxdits sociétaires dans les proportions fixées par un état arrêté par le préfet du palais du Gouvernement chargé de la surintendance du Théâtre-Français.

ART. 5.

Chaque part sera susceptible de sous-divisions; aucun comédien ne pourra être admis dans la société à moins d'un quart de part.

ART. 6.

Après deux années, tout sociétaire à quart de part aura droit à un huitième de part, et, dans le cas où il ne vaquerait pas à cette époque une part ou portion de part dans laquelle il pût prendre ce huitième, il le prélèvera sur la part en réserve.

ART. 7.

Nul sociétaire ne pourra parvenir à une portion plus considérable que les trois huitièmes de part dont il est parlé dans l'article précédent que par délibération du Comité d'administration, conformément aux règlements.

ART. 8.

Le tiers seulement du produit de la part ou portion de part d'un sociétaire pourra être cédé par lui et saisi par ses créanciers, le surplus est expressément réservé audit sociétaire pour ses aliments et habillements ; ce tiers, en cas de cession, saisie ou opposition, sera retenu par le caissier pour être distribué entre les créanciers tel que de droit, conformément aux anciens usages et règlements ; il en sera de même à l'égard des appointements des comédiens, appointements qui se trouveront attachés à tel titre que ce soit.

ART. 9.

Les comédiens sociétaires actuellement en activité sont et demeurent classés conformément au tableau arrêté par le préfet.

A l'avenir ils le seront suivant le rang d'ancienneté dans l'emploi que désignera leur titre de réception.

ART. 10.

Le droit d'ancienneté datera pour les sociétaires du jour de leur réception, et le droit à la pension du jour même de leurs débuts.

DÉBUTS ET ADMISSIONS.

ART. 11.

Aucun sujet après ses débuts ne sera admis qu'à l'essai.

Cet essai durera plus ou moins longtemps selon que le Gouvernement ainsi que le Comité d'administration le jugeront convenable, et ne pourra néanmoins être de moins d'un an.

RETRAITE ET PENSION. — SON SERVICE.

ART. 12.

Après vingt ans de service seulement, tout sociétaire prendra sa retraite, à moins que le Gouvernement et le Comité d'administration n'en décident autrement.

ART. 13.

Le Sociétaire qui se retirera après vingt ans de service aura droit à une pension viagère de deux mille francs de la part du Gouvernement et à une pension égale de la part de la société.

Si, à l'expiration desdites vingt années, il continue d'exercer, chacune des pensions sera augmentée de cent francs par chaque année au delà desdites vingt années jusqu'à sa retraite.

ART. 14.

Conformément à l'article 38 de l'organisation de la société, la pension de la société sera considérée comme secours alimentaire et ne pourra conséquemment être saisie par aucun créancier.

ART. 15.

S'il survient à l'un des sociétaires des accidents ou infirmités avant le terme de vingt années qui le mettent hors d'état de continuer son service, il aura droit à une quotité ou à la totalité de la pension de deux mille francs de la société, sauf le recours du sociétaire au Gouvernement pour raison de la pension qu'il accorde dans les cas pareils prévus par les règlements. La nature, la cause ou la gravité desdits accidents ou infirmités, seront préalablement constatés par deux médecins et deux chirurgiens désignés par le Comité d'administration.

ART. 16.

Le payement des arrérages de pension sera fait de trois en trois mois.

ART. 17.

Pour assurer et effectuer le payement des pensions de la société, il sera établi un revenu annuel de cinquante mille francs qui sera destiné au payement des arrérages.

ART. 18.

La somme nécessaire pour produire ces cinquante mille francs sera fournie par les sociétaires sur les produits de la recette de la Comédie-Française. La retenue de cette somme sera faite par le caissier de la Comédie-Française à raison de cinquante mille francs par année, savoir : six mille francs par chaque mois d'hiver, à compter du 1er vendémiaire jusqu'au 1er germinal, et deux mille trois cent trente-trois francs trente-trois centimes, par chacun des six mois d'été, à compter du 1er germinal jusqu'au 1er vendémiaire.

ART. 19.

Ces sommes seront remises de mois en mois, par le caissier, entre les mains du notaire de la société, pour être par lui placées, à mesure desdites remises, sur le Mont-de-Piété, pour la nue propriété au profit des Sociétaires du Théâtre-Français, collectivement, et pour l'usufruit à celui des pensionnaires du Théâtre-Français.

Les intérêts de ces sommes ainsi placées seront ajoutés aux capitaux progressivement jusqu'à la formation du capital nécessaire productif desdits cinquante mille francs, et sauf cependant la retenue annuelle pour l'acquittement des arrérages desdites pensions.

ART. 20.

Le fonds desdits cinquante mille francs appartiendra à la masse générale de la société pour sa nue propriété, pour former le gage desdites pensions ; en conséquence, aucun des comédiens pensionnaires, ni même la masse générale de ladite société, ne pourra rien en distraire ni disposer pour quelque cause que ce soit, même dans le cas de dissolution de la société par le fait desdits sociétaires, force majeure ou cas imprévus.

ART. 21.

Et attendu que chacun desdits sociétaires contribuera à la formation dudit capital de cinquante mille francs de revenu, à raison de sa part dans ladite société, par le seul fait de la retenue ci-dessus exprimée, la portion pour laquelle il aura contribué pendant son exercice lui sera remboursée, ou à ses héritiers, dans les trois mois qui suivront l'époque de sa retraite ou de son décès, avec l'intérêt sur le pied du denier vingt, sans retenue, à compter du jour de sa retraite ou de son décès.

ART. 22.

Aucun desdits sociétaires ne pourra aliéner la portion pour laquelle il aura contribué dans le fonds desdites pensions; ses créanciers ne pourront saisir ni arrêter ce même fonds, à l'effet de quoi chaque sociétaire abandonne, dès à présent, à la masse desdits comédiens pensionnaires, la jouissance de ladite portion, sauf à ladite société à acquitter ladite portion aux époques ci-dessus déterminées, et sauf aux créanciers saisissants à faire valoir leur saisie à compter du jour desdites retraites et décès.

ART. 23.

Pour assurer auxdits pensionnaires retirés l'emploi desdits fonds et conséquemment le payement de leurs pensions, chacun desdits emplois ne pourra être fait que de concert avec deux de leurs commissaires qu'ils nommeront; il en sera de même lorsqu'il y aura lieu au recouvrement desdites sommes, qui ne pourra être fait qu'en la présence et du consentement desdits commissaires. Toutes ces opérations ne pourront être faites qu'en présence ou du consentement du commissaire du Gouvernement.

ART. 24.

Lorsque le capital placé sur le Mont-de-Piété s'élèvera à une somme excédant le tiers de la somme qui, suivant le cours alors connu, devra produire un revenu annuel de cinquante mille francs, le notaire dépositaire, sous l'autorisation des deux commissaires nommés par les pensionnaires et des deux autres nommés par les sociétaires et du commissaire du Gouvernement, pourra retirer de l'administration du Mont-de-Piété moitié de la somme qui y aura été déposée, pour ladite moitié être par lui placée par contrat de constitution ou obligation par première hypothèque sur des biens immeubles situés dans le ressort du tribunal de première instance du département de la Seine, dont la valeur excédera le double des sommes prêtées. Il en sera de même agi jusqu'à l'époque où le capital sera complet, de manière qu'à cette époque il soit placé moitié dans la caisse de l'administration du Mont-de-Piété et l'autre moitié sur l'État, soit par première hypothèque sur des propriétés particulières.

ART. 25.

Tous les contrats, obligations ou reconnaissances qui seront souscrites et les inscriptions qui seront prises, le seront collectivement au profit des sociétaires du Théâtre-Français, pour la nue propriété et pour l'usufruit à celui des pensionnaires du Théâtre-Français, sans cependant que chacun desdits pensionnaires puisse prétendre audit capital.

ART. 26.

Dans le cas où, par tel évènement que ce soit, lesdits capitaux éprouveraient des réductions ou viendraient à être perdus en tout ou en partie, il sera fait un prélèvement de sommes suffisantes pour compléter un capital productif de cinquante mille francs de revenu, et ce sur les recettes de la Comédie dans la même proportion que celle indiquée à l'article 18 ci-dessus.

Dans tous les cas, les pensions seront payées sur les recettes de la Comédie, sauf à la société à se couvrir, s'il y a lieu, sur lesdits fonds dont le prélèvement a été ci-dessus énoncé.

ART. 27.

Arrivant la dissolution de ladite société, le fonds des pensions appartiendra aux artistes alors en exercice, et néanmoins continuera de servir les arrérages des pensions, tant des artistes retirés que de ceux alors en exercice qui auront droit.

ART. 28.

Au fur et à mesure des extinctions, les fonds devenus libres serviront à remplir les sociétaires des retenues à eux faites qui leur resteront dues. En cas d'insuffisance, ils supporteront la perte au marc le franc, et, en cas d'excédent, ils partageront le bénéfice au prorata des parts qu'ils avaient dans la société.

COMITÉ D'ADMINISTRATION.

ART. 29.

Les fonctions du Comité sous le rapport de l'administration sont d'inspection, de surveillance et de proposition. Elles sont réglées, ainsi que la partie des assemblées et de tout ce qui concerne l'administration, par un règlement particulier.

ART. 30.

Les membres ne pourront, sous peine de responsabilité personnelle, ordonnancer aucune somme au delà de cent francs sur le même objet sans l'aveu de la Société assemblée, ni faire aucune poursuite judiciaire sans l'avis signé des membres composant le Conseil de la société.

ART. 31.

La police, tant des assemblées du Comité que des assemblées de la société, ainsi que les détails de l'administration seront fixés par un règlement particulier.

COMPTABILITÉ.

ART. 32.

Les recettes seront faites et les dépenses de la société acquittées par un caissier choisi par la société et agréé par le Gouvernement.

ART. 33.

Aucun parent de comédien en activité ne pourra en remplir les fonctions.

ART. 34.

Sans rien préjuger sur le cautionnement des soixante mille francs fournis en inscriptions par le sieur Corneille, caissier actuel, ses successeurs seront tenus de fournir un cautionnement de soixante mille francs en immeubles de valeur double.

ART. 35.

Dans le cas où les immeubles qui seraient offerts à titre de cautionnement seraient grevés d'hypothèques, ils ne seront reçus qu'autant que leur valeur sera du double des hypothèques qui existeraient, et de soixante mille francs de cautionnement.

ART. 36.

Ce cautionnement ne sera reçu qu'après examen préalable des titres de propriété d'immeubles et du certificat du conservateur des hypothèques, et sur le rapport qui en sera fait par le notaire de la société ou autre membre du conseil.

ART. 37.

Celui qui se rendra caution du caissier sera tenu de fournir auxdits sociétaires, aux frais dudit caissier, copie collationnée en bonne forme des titres de propriété desdits biens; ces copies seront déposées entre les mains du notaire de ladite société, et ne seront remises à la caution que lorsqu'elle sera entièrement déchargée de son cautionnement.

ART. 38.

Les inscriptions et actes nécessaires pour la conservation dudit cautionnement seront faits et renouvelés, quand il y aura lieu, aux frais du caissier.

ART. 39.

Ladite caution ne pourra obtenir la mainlevée desdites inscriptions, oppositions ou autres actes conservatoires qu'après l'apurement des comptes du caissier, retiré ou décédé.

ART. 40.

À la fin de chaque mois, les états de recette et de dépense seront visés et arrêtés par le commissaire du Gouvernement et le comité.

ART. 41.

Le caissier prélèvera, en la présence du commissaire du Gouvernement et des membres du comité, sur la recette :

1° Les honoraires des comédiens à l'essai et appointés, ainsi que le solde des employés et gagistes;

2° Le montant des mémoires, tant pour dépenses courantes que pour fournitures extraordinaires;

3° La somme prescrite pour le fonds et les arrérages des pensions de la société.

ART. 42.

Le surplus est partagé entre les sociétaires, suivant la portion de part déterminée pour chacun d'eux.

ART. 43.

Le caissier est autorisé à toucher tous les six mois à la caisse d'amortissement les arrérages de cent mille francs de rente accordés par le Gouvernement, ainsi que de toutes autres rentes et sommes qui pourront être accordées par le Gouvernement à la société à tel titre que ce soit.

ART. 44.

Dans le courant du même mois, il soldera sur les états dressés par le commissaire du Gouvernement et visés par le préfet :

1° Un semestre du loyer du foyer de la salle, déduction faite de l'imposition foncière;

2° Un semestre de pension accordée aux artistes retirés;

3° Un semestre des indemnités pour supplément d'appointements accordé par le Gouvernement.

ART. 45.

A la fin de chaque année, le caissier dressera un compte général de recettes et de dépenses, tant pour les fonds de la société que pour les fonds accordés par le Gouvernement; ce compte sera arrêté définitivement par l'assemblée générale en la présence du commissaire du Gouvernement et des membres composant le Conseil de la Comédie.

PIÈCES NOUVELLES.

ART. 46.

Aucune pièce ne pourra être représentée sur le théâtre desdits sociétaires que revêtue de l'approbation du Gouvernement.

DISCIPLINE.

ART. 47.

Sera exclu de la société tout sociétaire qui aura été absent ou aura cessé son service six mois sans le consentement par écrit de la société, le tout sans préjudice des autres moyens de répression portés aux règlements pour ces cas et autres pareils.

ENCOURAGEMENTS ET RÉCOMPENSES.

ART. 48.

Lorsque le Gouvernement et les sociétaires jugeront convenable de prolonger au delà de vingt-cinq ans le service d'un sociétaire, le sociétaire vétéran joindra à son traitement d'activité le tiers de la pension de la société, depuis vingt-cinq ans jusqu'à trente, la moitié depuis trente jusqu'à trente-cinq, et la totalité depuis trente-cinq jusqu'à sa retraite.

Cette mesure n'aura son exécution qu'à l'époque où les parts de la société seront réduites à vingt-trois, ainsi qu'il est prescrit ci-dessus.

ART. 49.

Tout sociétaire ayant servi trente ans aura droit au produit d'une représentation à son choix donnée par ses camarades lors de sa retraite de ladite société.

ADHÉSION À L'ACTE DE SOCIÉTÉ.

ART. 50.

Les artistes qui seront par la suite reçus comme sociétaires seront tenus de prendre communication du présent acte de société, ensemble des règlements, et d'y adhérer par un acte particulier, ensuite des présentes, dans la huitaine de leur réception.

Toutes les difficultés qui pourront s'élever entre les artistes pendant l'existence et la durée de la présente société sur aucune clause du présent acte en ce qui touche leurs intérêts respectifs et en toutes matières contentieuses, seront jugées en dernier ressort par les membres composant le Conseil de la Comédie.

La décision qui sera portée sera sans appel et sans recours en cassation.

CONSEIL.

ART. 51.

Il y aura un Conseil de la société.

ART. 52.

Le Conseil sera composé de jurisconsultes, avocats, notaires et avoués.

ART. 53 ET DERNIER.

La société nomme par les présentes pour composer son Conseil, savoir :

MM. Delamalle.......
de Sèze.........
Bellart.........
Bonnet..........
Denormandie......
} Anciens jurisconsultes.

Hua, notaire;
Decormeille, avoué au tribunal d'appel de Paris;
Duvergier;
Gomel;

Ces deux derniers, avoués du tribunal de première instance de Paris.

Ce fait, en présence de François-René MAHÉRAULT, Commissaire du Gouvernement près le Théâtre-Français, demeurant à Paris, à l'école centrale du Panthéon, division du même nom,

Et encore en présence et de l'avis de Me Gaspard-Gilbert DELAMALLE, demeurant à Paris, rue des Capucines, n° 2, division de la place Vendôme;

RAYMOND DE SÈZE, demeurant à Paris, rue des Quatre-Fils, au Marais, n° 17, division du Temple;

Nicolas-François BELLART, demeurant à Paris, rue du Grand-Chantier, n° 8, même division;

Louis-Ferdinand BONNET, demeurant à Paris, rue du Sentier, n° 34, division de Brutus;

Claude-Ernest DENORMANDIE, demeurant à Paris, rue Michel-Lecomte, division des Gravilliers;

(Tous anciens jurisconsultes)

Vincent GALLIEN DE CORMEILLE, avoué au tribunal d'appel, demeurant à Paris, rue Michel-Lecomte, même division;

Isaac-Benjamin DUVERGIER, demeurant à Paris, cul-de-sac du Doyenné, division des Tuileries, et Jean-Baptiste GOMEL, demeurant rue des Petits-Champs.

Et pour l'exécution des présentes, lesdits sociétaires font élection de domicile en leur salle d'assemblée au Théâtre-Français, rue de la Loi, auxquels lieux ils consentent la validité de tous actes et exploits de justice, et nonobstant changement de demeure, promettant, obligeant, renonçant.

DÉCRET

sur la surveillance, l'organisation, l'administration, la comptabilité, la police et la discipline du Théâtre-Français.

Au quartier de Moscou, le 11 octobre 1812.

NAPOLÉON, Empereur des Français, Roi d'Italie, Protecteur de la Confédération du Rhin, Médiateur de la Confédération suisse, etc.,

Sur le rapport de notre Ministre de l'intérieur,
Notre Conseil d'État entendu,

Nous avons décrété et décrétons ce qui suit :

TITRE PREMIER.

DE LA DIRECTION ET SURVEILLANCE DU THÉÂTRE-FRANÇAIS.

ARTICLE PREMIER.

Le Théâtre-Français continuera d'être placé sous la surveillance et la direction du surintendant de nos spectacles.

ART. 2.

Un commissaire impérial, nommé par nous, sera chargé de transmettre aux comédiens les ordres du surintendant. Il surveillera toutes les parties de l'administration et de la comptabilité.

ART. 3.

Il sera chargé, sous sa responsabilité, de faire exécuter, dans toutes leurs dispositions, les règlements et les ordres de service du surintendant.

A cet effet, il donnera personnellement tous les ordres nécessaires.

ART. 4.

En cas d'inexécution ou de violation des règlements, il en dressera procès-verbal, et le remettra au surintendant.

TITRE II.

DE L'ASSOCIATION DU THÉÂTRE-FRANÇAIS.

SECTION PREMIÈRE.

De la division en parts.

ART. 5.

Les comédiens de notre Théâtre-Français continueront d'être réunis en société, laquelle sera administrée selon les règles ci-après.

ART. 6.

Le produit des recettes, tous les frais et dépenses prélevés, sera divisé en vingt-quatre parts.

ART. 7.

Une de ces parts sera mise en réserve, pour être affectée par le surintendant aux besoins imprévus : si elle n'est pas employée en entier, le surplus sera distribué à la fin de l'année entre les sociétaires.

ART. 8.

Une demi-part sera remise en réserve pour augmenter le fonds des pensions de la société.

ART. 9.

Une demi-part sera employée annuellement en décorations, ameublements, costumes du magasin, réparations des loges et entretien de la salle, d'après les ordres du surintendant. Les réserves ordonnées par les articles 7, 8 et 9 n'auront lieu que successivement et à mesure des vacances.

ART. 10.

Les vingt-deux parts restantes continueront d'être réparties entre les comédiens sociétaires, depuis un huitième de part jusqu'à une part entière, qui sera le *maximum*.

ART. 11.

Les parts ou les portions de parts vacantes seront accordées ou distribuées par le surintendant de nos spectacles.

SECTION II.

Des pensions et retraites.

§ 1er. — DU TEMPS NÉCESSAIRE POUR OBTENIR LA PENSION ET DE SA QUOTITÉ.

ART. 12.

Tout sociétaire qui sera reçu contractera l'engagement de jouer pendant vingt ans; et, après vingt ans de services non interrompus, il pourra prendre sa retraite, à moins que le surintendant ne juge à propos de le retenir.

Les vingt ans dateront du jour des débuts, lorsqu'ils auront été immédiatement suivis de l'admission à l'essai et ensuite dans la société.

ART. 13.

Le sociétaire qui se retirera après vingt ans aura droit : 1° à une pension viagère de 2,000 francs sur les fonds affectés au Théâtre-Français par le décret du 13 messidor an x; 2° à une pension de pareille somme sur le fonds de la société dont il est parlé à l'article 8.

ART. 14.

Si le surintendant juge convenable de prolonger le service d'un sociétaire au delà de vingt ans, il sera ajouté, quand il se retirera, 100 francs de plus par an à chacune des pensions dont il est parlé à l'article précédent.

ART. 15.

Un sociétaire qu'un accident, ayant pour cause immédiate le service de notre Théâtre-Français ou des théâtres de nos palais, obligerait de se retirer avant d'avoir accompli ses vingt ans, recevra en entier les pensions fixées par l'article 13.

ART. 16.

En cas d'incapacité de servir, provenant d'une autre cause que celle énoncée dans l'article 15, le sociétaire pourra, même avant ses vingt ans de service, être mis en retraite par ordre du surintendant.

En ce cas, et s'il a plus de dix ans de service, il aura droit à une pension sur les fonds du Gouvernement, et une sur les fonds des sociétaires; chacune de ces pensions sera de 100 francs par année de service s'il était à part entière, de 75 francs, s'il était à trois quarts de part, et ainsi dans la proportion de sa part dans les bénéfices de la société.

ART. 17.

Si le sociétaire a moins de dix ans de service, le surintendant pourra nous proposer la pension qu'il croira convenable de lui accorder, selon les services rendus à la société et les circonstances où il se trouvera.

ART. 18.

Toutes ces pensions seront accordées par décisions rendues en notre Conseil d'État, sur l'avis du comité, comme il a été statué pour notre Académie impériale de musique, par notre décret du 20 janvier 1811.

§ 2. — DES MOYENS DE PAYEMENT DES PENSIONS.

ART. 19.

Les pensions accordées sur le fonds de 100,000 francs de rente accordé par nous à notre Théâtre-Français seront acquittées tous les trois mois sur les fonds qui seront touchés à la caisse d'amortissement.

ART. 20.

En cas d'insuffisance, il y sera pourvu avec la part mise en réserve pour les besoins imprévus.

ART. 21.

Pour assurer le payement des pensions accordées sur les fonds particuliers de la société, il sera prélevé, chaque année, et mois par mois, sur la recette générale, une somme de 50,000 francs.

ART. 22.

Cette somme sera versée entre les mains du notaire du Théâtre-Français, et placée par lui à mesure pour le compte de la société, selon les règles prescrites par l'article 32.

ART. 23.

Aucun sociétaire ne peut aliéner ni engager la portion pour laquelle il contribue au fonds de cette rente.

ART. 24.

A la retraite de chaque sociétaire ou à son décès, le remboursement du capital de cette retenue sera fait à chaque sociétaire ou à ses héritiers, au prorata de ce qu'il y aura contribué.

ART. 25.

Tout sociétaire qui quittera le Théâtre sans en avoir obtenu la permission du surintendant perdra la somme pour laquelle il aura contribué, et n'aura droit à aucune pension.

ART. 26.

Jusqu'à ce qu'au moyen des dispositions ci-dessus une rente de 50,000 fr. soit entièrement constituée, les pensions de la société seront payées tant sur les intérêts des fonds mis en réserve que sur les recettes générales de chaque mois.

ART. 27.

Quand la rente sera constituée, s'il y a de l'excédent après le payement annuel des pensions, il en sera disposé pour l'avantage de la société, avec l'autorisation du surintendant.

SECTION III.

De la retraite des acteurs aux appointements et employés.

ART. 28.

Après vingt ans ou plus de service non interrompu par un acteur ou une actrice aux appointements, après dix ans de service seulement en cas d'infirmités, enfin en cas d'accident, comme il est dit pour les sociétaires (art. 15), le surintendant pourra nous proposer d'accorder, moitié sur le fonds de 100,000 francs, moitié sur celui de la société, une pension, laquelle, tout compris, ne pourra excéder la moitié du traitement dont l'acteur ou l'actrice aura joui, les trois dernières années de son service.

ART. 29.

Le commissaire impérial pourra aussi obtenir une retraite ou pension d'après les règles établies en l'article 28 ; mais elle sera payée en entier sur le fonds de 100,000 francs.

TITRE III,

SECTION PREMIÈRE.

De l'administration des intérêts de la société.

ART. 30.

Un comité composé de six hommes membres de la société, présidé par le commissaire impérial, et ayant un secrétaire pour tenir registre des délibérations, sera chargé de la régie et administration des intérêts de la société.

Le surintendant nommera, chaque année, les membres de ce comité.

Ils seront indéfiniment rééligibles.

Trois de ces membres seront chargés de l'expédition de ses résolutions.

ART. 31.

Le surintendant pourra révoquer et remplacer à volonté.

ART. 32.

Les fonctions de ce comité seront particulièrement :

1° De dresser, chaque année, le budget ou état présumé des dépenses de tout genre, de le soumettre à l'examen de l'assemblée générale des sociétaires et à l'approbation du surintendant;

2° D'ordonner et faire acquitter, dans les limites portées au budget pour chaque nature de dépenses, celles qui seront nécessaires pour toutes les parties du service; à l'effet de quoi, un de ses membres sera proposé à la signature des ordres de fourniture au travail et des mandats de payement;

3° De la passation de tous marchés, obligations pour le service, ou actes pour la société;

4° D'inspecter, régler ou ordonner dans toutes les parties de la salle, du Théâtre, des magasins, etc.;

5° De vérifier les recettes, d'inspecter la caisse et de faire effectuer le payement des parts, traitements, pensions ou sommes mises en réserve selon le présent règlement;

6° D'exercer pour tous recouvrements, ou en tout autre cas, tant en demandant qu'en défendant, toutes les actions et droits de la société, après avoir toutefois pris l'avis de l'assemblée générale et l'autorisation du surintendant.

SECTION II.

Des dépenses, des payements et de la comptabilité.

ART. 33.

Le caissier sera nommé par le comité et soumis à l'approbation du surintendant.

Il fournira en immeubles un cautionnement de 60,000 francs, dont les titres seront vérifiés par le notaire du théâtre, qui fera faire tous les actes conservatoires au nom de la société.

ART. 34.

A la fin de chaque mois, les états de recette et dépense seront arrêtés par le comité et approuvés par le commissaire impérial.

ART. 35.

D'après cet arrêté et cette approbation, seront prélevés sur la recette, d'abord les droits d'auteur, ensuite toutes les dépenses: 1° pour appointements d'acteurs; traitements d'employés ou gagistes; 2° la somme prescrite pour le fonds des pensions de la société; 3° le montant des mémoires, tant pour dépenses courantes que pour fournitures extraordinaires.

ART. 36.

Le reste sera partagé conformément aux articles 6, 7, 8, 9 et 10.

ART. 37.

Le caissier touchera, tous les trois mois, à la caisse d'amortissement, le quart de 100,000 francs de rente affectés au Théâtre-Français, et soldera, avec ces 25,000 francs, et, au besoin, avec le produit de la part dont il est parlé à l'article 7, sur des états dressés par le commissaire impérial et arrêtés par le surintendant : 1° les pensions des acteurs retirés ou autres pensionnaires; 2° les indemnités pour supplément d'appointements accordées aux acteurs; 3° le traitement du commissaire impérial; 4° le loyer de la salle.

ART. 38.

A la fin de chaque année, le caissier dressera le compte des recettes et dépenses, pour le fonds de la société.

ART. 39.

Ce compte sera remis au comité, qui l'examinera et donnera son avis.

Il sera présenté ensuite à l'assemblée générale des sociétaires, qui pourra nommer une commission de trois de ses membres, pour le revoir, et y faire des observations, s'il y a lieu, dans une autre assemblée générale.

Enfin le compte sera soumis au surintendant, qui l'approuvera, s'il y a lieu.

ART. 40.

Le caissier dressera également le compte des 100,000 francs accordés par le Gouvernement et des parts mises à la disposition du surintendant. Ce compte sera visé par le commissaire impérial et arrêté par le surintendant.

ART. 41.

Sur la part réservée aux besoins imprévus, il pourra être accordé, par le surintendant, aux acteurs ou actrices qui se trouveraient chargés de dépenses trop considérables de costumes ou de toilette, une autorisation pour se faire faire par le magasin des habits pour jouer un ou plusieurs rôles.

SECTION III.

Des assemblées générales.

ART. 42.

L'assemblée générale de tous les sociétaires est convoquée nécessairement par le comité et a lieu pour les objets suivants :

1° Au plus tard dans la première semaine du dernier mois de l'année, pour examiner et donner son avis sur le budget de l'année suivante, conformément au paragraphe 1er de l'article 22 ;

2° Au plus tard dans la dernière semaine du premier mois de chaque année, pour examiner le compte de l'année précédente, et ensuite pour entendre le rapport de la commission, s'il y en a eu une nommée.

ART. 43.

L'assemblée générale doit être, en outre, convoquée par le comité toutes les fois qu'il y a lieu à placement de fonds, actions à soutenir, en défendant ou demandant, dépenses à faire excédant celles autorisées par le budget; cas auquel l'assemblée générale doit donner son avis, après quoi le surintendant décide, après avoir pris l'avis du conseil, dont il est parlé au titre VII.

ART. 44.

L'assemblée générale peut, au surplus, être convoquée par ordre du surintendant, quand il juge nécessaire de la consulter, ou avec son autorisation, si le comité la demande, pour tous les cas extraordinaires et imprévus.

TITRE IV.

DE L'ADMINISTRATION THÉÂTRALE.

SECTION PREMIÈRE.

Dispositions générales.

ART. 45.

Le comité établi par l'article 30 sera également chargé de tout ce qui concerne l'administration théâtrale, la formation des répertoires, l'exécution des ordres de début, la réception des pièces nouvelles, sous la surveillance du commissaire impérial et l'autorité du surintendant.

SECTION II.

Des répertoires.

§ 1er. — DE LA DISTRIBUTION DES EMPLOIS.

ART. 46.

Le surintendant déterminera, aussitôt la publication du présent règlement, la distribution exacte des différents emplois.

Il fera dresser, en conséquence, un état général de toutes les pièces, soit sues, soit à remettre, avec les noms des acteurs et actrices sociétaires qui doivent jouer en premier, en double et en troisième, les rôles de chacune de ces pièces, selon leur emploi et leur ancienneté, afin qu'il n'y ait plus aucune contestation à cet égard.

ART. 47.

Nul acteur ou actrice ne pourra tenir en premier deux emplois différents, sans une autorisation spéciale du surintendant, qui ne l'accordera que rarement et pour de puissants motifs.

ART. 48.

Si un acteur ou actrice tenant un emploi en chef veut jouer dans un autre, par exemple, si, tenant un emploi tragique, il veut jouer dans la comédie, ou si, jouant les rôles de jeune premier, il veut jouer un autre emploi, il ne pourra primer celui qui tenait l'emploi en chef auparavant; mais il tiendra ledit emploi en second, quand même il serait plus ancien que son camarade.

Notre surintendant pourra seulement l'autoriser à jouer les rôles du nouvel emploi qu'il voudra prendre, alternativement avec celui qui les jouait en chef ou en premier.

§ 2. — DE LA FORMATION DU RÉPERTOIRE.

ART. 49.

Le répertoire sera formé dans le comité établi par l'article 30, auquel seront adjointes, pour cet objet seulement, deux femmes sociétaires, conformément à l'arrêt du conseil du 9 décembre 1780 [1].

---

[1] Cet arrêt se trouve au dépôt des lois.

ART. 50.

Les répertoires seront faits de manière que chaque rôle ait un second ou double désigné, qui puisse jouer à défaut de l'acteur en premier, s'il a des excuses valables, et sans que, pour cause de l'absence d'un ou plusieurs acteurs en premier, la pièce puisse être changée ou sa représentation retardée.

ART. 51.

Pour veiller à l'exécution du répertoire, deux sociétaires seront adjoints au comité, sous le titre de *semainiers;* chaque sociétaire sera semainier à son tour.

ART. 52.

Si un double étant chargé d'un rôle par le répertoire tombe malade, le chef se portant bien sera tenu de le jouer, sur l'avis que lui en donnera le semainier.

ART. 53.

Un acteur en chef ne pourra refuser de jouer ni abandonner tout à fait à son double aucun des premiers rôles de son emploi; il les jouera, bons ou mauvais, quand il sera appelé par le répertoire.

ART. 54.

Aucun acteur en chef ne pourra se réserver un ou plusieurs rôles de son emploi. Le comité prendra les mesures nécessaires pour que les doubles soient entendus par le public dans les principaux rôles de leurs emplois respectifs trois ou quatre fois par mois.

Il veillera également à ce que les acteurs à l'essai soient mis à portée d'exercer leurs talents et de faire juger leurs progrès.

Les acteurs jouant les rôles en second pourront réclamer en cas d'inexécution du présent article ; et le surintendant donnera des ordres sans délai pour que le comité s'y conforme, sous peine, envers l'acteur en chef opposant et chacun des membres du Comité qui n'y auront pas pourvu, d'une amende de trois cents francs.

Notre commissaire près le théâtre sera responsable de l'inexécution du présent article, s'il n'a dressé procès-verbal des contraventions, à l'effet d'y faire pourvoir par le surintendant et de faire payer les amendes.

ART. 55.

Nos comédiens seront tenus de mettre à la scène, tous les mois, un grand ouvrage, ou du moins deux petits ouvrages, nouveaux ou remis.

Dans le nombre de ces pièces seront des pièces d'auteurs vivants.

Il est enjoint au comité et au surintendant de tenir la main à l'exécution de cet article.

ART. 56.

Les assemblées des samedis de chaque semaine continueront d'avoir lieu ; et tous les acteurs seront tenus de s'y trouver pour prendre communication du répertoire.

Il continuera d'être délivré des jetons aux acteurs présents.

ART. 57.

Tous acteurs et actrices pourront faire des observations et demander des changements au répertoire pour des motifs valables, sur lesquels il sera statué provisoirement par le commissaire impérial, et définitivement par le surintendant.

ART. 58.

Le répertoire se fera, la première fois, pour quinze jours, Il en sera envoyé copie au préfet de police.

Le samedi d'après se fera celui de la semaine en suivant, et ainsi successivement.

ART. 59.

Quand le répertoire aura été réglé, chacun sera tenu de jouer le rôle pour lequel il aurait été inscrit, à moins de causes légitimes approuvées par le comité présidé par le commissaire impérial, et dont il sera rendu compte au surintendant, sous peine de cent cinquante francs d'amende.

ART. 60,

Si un acteur ayant fait changer la représentation pour cause de maladie est aperçu dans une promenade, à un spectacle, ou s'il sort de chez lui, il sera mis à une amende de trois cents francs.

SECTION III.

Des débuts.

ART. 61.

Le surintendant donnera seul les ordres de début sur notre Théâtre-Français. Les débuts n'auront pas lieu du 1er novembre jusqu'au 15 avril.

ART. 62.

Ces ordres seront présentés au comité, qui sera tenu de les enregistrer et de mettre au premier répertoire les trois pièces que les débutants demanderont.

ART. 63.

Le surintendant pourra appeler pour débuter les élèves de notre Conservatoire, ceux des maîtres particuliers, ou les acteurs des autres théâtres de notre Empire ; auquel cas leurs engagements seront suspendus et rompus, s'ils sont admis à l'essai.

ART. 64.

Les acteurs et actrices qui auront des rôles dans ces pièces ne pourront refuser de les jouer, sous peine de cent cinquante francs d'amende.

ART. 65.

On sera obligé indispensablement à une répétition entière pour chaque pièce où les débutants devront jouer, sous peine de vingt-cinq francs d'amende pour chaque absent.

ART. 66.

Le comité proposera ensuite d'autres rôles à jouer par le débutant ; et le surintendant en déterminera trois que le débutant sera tenu de jouer après des répétitions particulières et une répétition générale, comme il est dit à l'article 65.

ART. 67.

Les débutants qui auront eu des succès et annoncé des talents seront reçus à l'essai au moins pour un an, et ensuite comme sociétaires par le surintendant, selon qu'il le jugera convenable.

TITRE V.

DES PIÈCES NOUVELLES ET DES AUTEURS.

ART. 68.

La lecture des pièces nouvelles se fera devant un comité de neuf personnes choisies parmi les plus anciens sociétaires, par le surintendant, qui nommera en outre trois suppléants, pour que le nombre des membres du comité soit toujours complet.

ART. 69.

L'admission a lieu à la pluralité absolue des voix.

ART. 70.

Si une partie des voix est pour le renvoi à correction, on refait un tour de scrutin sur la question du renvoi et on vote par oui ou non.

ART. 71.

S'il n'y a que quatre voix pour le renvoi à correction, la pièce est reçue.

ART. 72.

La part d'auteur dans le produit des recettes, le tiers prélevé pour les frais, est du huitème pour une pièce en cinq ou en quatre actes, du douzième pour une pièce en trois actes, et du seizième pour une pièce en un et en deux actes; cependant les auteurs et les comédiens peuvent faire toute autre convention de gré à gré.

ART. 73.

L'auteur jouit de ses entrées, du moment où sa pièce est mise en répétition, et les conserve trois ans après la première représentation pour un ouvrage en cinq et en quatre actes, deux ans pour un ouvrage en trois actes, un an pour une pièce en un ou deux actes. L'auteur de deux pièces en cinq ou en quatre actes, ou de trois pièces en trois actes, ou de quatre pièces en un acte, restées au théâtre, a ses entrées sa vie durant.

TITRE VI.

DE LA POLICE.

ART. 74.

La présidence et la police des assemblées, soit générales, soit des divers comités, sont exercées par le commissaire impérial.

ART. 75.

Tout sujet qui manque à la subordination envers ses supérieurs, qui, sans excuses jugées valables, fait changer le spectacle indiqué sur le répertoire, ou refuse de jouer, soit un rôle de son emploi, soit tout autre rôle qui peut lui être distribué pour le service des théâtres de nos palais, ou qui fait manquer le service en ne se trouvant pas à son poste aux heures fixées, est condamné, suivant la gravité des cas, à l'une des peines suivantes.

ART. 76.

Ces peines sont les amendes, l'exclusion des assemblées générales des sociétaires et du comité d'administration, l'expulsion momentanée ou définitive du théâtre, la perte de la pension et les arrêts.

ART. 77.

Les amendes au-dessous de vingt-cinq francs sont prononcées par le comité, présidé par le commissaire impérial.

L'exclusion des assemblées générales et du comité d'administration peut l'être de la même manière ; mais le commissaire impérial est tenu de rendre compte des motifs au surintendant.

Le commissaire impérial qui aura requis le comité d'infliger une peine, en instruira, en cas de refus, le surintendant, qui prononcera.

ART. 78.

Les amendes au-dessus de vingt-cinq francs et les autres punitions sont infligées par le surintendant, sur le rapport motivé du commissaire impérial.

L'expulsion définitive n'aura lieu que dans les cas graves, et après avoir pris l'avis du comité.

ART. 79.

Aucun sujet ne peut s'absenter sans la permission du surintendant.

ART. 80.

Les congés sont délivrés par le surintendant qui n'en peut pas accorder plus de deux à la fois, ni pour plus de deux mois, ils ne peuvent avoir lieu que depuis le 1er mai jusqu'au 1er novembre.

ART. 81.

Tout sujet qui, ayant obtenu un congé, en outrepasse le terme, paye une amende égale au produit de sa part, pendant tout le temps qu'il aura été absent du théâtre.

ART. 82.

Lorsqu'un sujet, après dix années de service, aura réitéré pendant une année la demande de sa retraite, et qu'il déclarera qu'il est dans l'intention de ne plus jouer sur aucun théâtre, ni français, ni étranger, sa retraite ne pourra lui être refusée ; mais il n'aura droit à aucune pension, ni à retirer sa part du fonds annuel de cinquante mille francs.

TITRE VII.

DISPOSITIONS GÉNÉRALES.

ART. 83.

Les comédiens français ne pourront se dispenser de donner tous les jours spectacle, sans une autorisation spéciale du surintendant, sous peine de payer, pour chaque clôture, une somme de cinq cents francs qui sera versée dans la caisse des pauvres, à la diligence du préfet de police.

ART. 84.

Tout sociétaire ayant trente années de service effectif pourra obtenir une représentation à son bénéfice, lors de sa retraite : cette représentation ne pourra avoir lieu que sur le Théâtre-Français, conformément à notre décret du 29 juillet 1807.

ART. 85.

Tout sujet retiré du Théâtre-Français ne pourra reparaître sur aucun théâtre, soit de Paris, soit des départements, sans la permission du surintendant.

ART. 86.

Toutes les affaires contentieuses seront soumises à l'examen d'un conseil de jurisconsultes ; et on ne pourra faire aucune poursuite judiciaire au nom de la société, sans avoir pris l'avis du conseil.

Ce conseil restera composé ainsi qu'il l'est aujourd'hui, et sera réduit à l'avenir, par mort ou par démission, au nombre de trois jurisconsultes, deux avoués, et le notaire du théâtre.

En cas de vacance, la nomination se fera par le comité, avec l'agrément du surintendant.

ART. 87.

Le surintendant fera les règlements qu'il jugera nécessaires pour toutes les parties de l'administration intérieure.

ART. 88.

Les décrets des 29 juillet et 1er novembre 1807 sont maintenus en tout ce qui n'est pas contraire aux dispositions ci-dessus.

TITRE VIII.

DES ÉLÈVES DU THÉÂTRE-FRANÇAIS.

§ 1er. — NOMBRE, NOMINATION, INSTRUCTION ET ENTRETIEN DES ÉLÈVES.

ART. 89.

Il y aura à notre Conservatoire impérial dix-huit élèves pour notre Théâtre-Français, neuf de chaque sexe.

ART. 90.

Ils seront désignés par notre Ministre de l'intérieur: ils seront âgés au moins de quinze ans.

ART. 91.

Ils seront traités au Conservatoire comme les autres pensionnaires qui y sont admis pour le chant et la tragédie lyrique.

ART. 92.

Ils pourront suivre les classes de musique; mais ils seront plus particulièrement appliqués à l'art de la déclamation, et suivront exactement les cours des professeurs, selon le genre auquel ils seront destinés.

ART. 93.

A cet effet, indépendamment des professeurs, il y aura pour l'art dramatique deux répétiteurs d'un genre différent, lesquels feront répéter et travailler les élèves, chaque jour, dans les intervalles des classes, à des heures qui seront fixées.

ART. 94.

Il y aura, en outre, un professeur de grammaire, d'histoire et de mythologie appliqués à l'art dramatique, lequel enseignera spécialement les élèves destinés au Théâtre-Français.

ART. 95.

Les élèves seront examinés, tous les ans, par les professeurs et le directeur du Conservatoire; et il sera rendu compte du résultat à notre Ministre de l'intérieur et au surintendant des théâtres.

ART. 96.

Les élèves qui ne donneraient pas d'espérances ne continueront pas leurs cours, et ils seront remplacés.

ART. 97.

Ceux qui ne seraient pas encore capables de débuter sur notre Théâtre-Français pourront, avec la permission du surintendant, s'engager pour un temps au théâtre de l'Odéon, ou dans les troupes des départements.

ART. 98.

Ceux qui seront jugés capables de débuter pourront recevoir du surintendant un ordre de début, et être, selon leurs moyens, mis à l'essai au moins pendant un an, et ensuite admis comme sociétaires comme il est dit à l'article 67.

§ 2. — DES DÉPENSES POUR LES ÉLÈVES DE L'ART DRAMATIQUE.

ART. 99.

La dépense pour chacun des élèves est fixée à onze cents francs.

Le traitement pour chacun des répétiteurs à deux mille francs ;

Le traitement du professeur à trois mille francs.

ART. 100.

En conséquence, notre Ministre de l'intérieur disposera, sur le fonds des dépenses imprévues de son ministère, d'une somme de vingt-six mille huit cents francs, en sus de celle allouée par notre Conservatoire impérial de musique.

ART. 101.

Nos Ministres de l'intérieur, de la police, des finances, du trésor, et le surintendant de nos spectacles, sont chargés, chacun en ce qui le concerne, de l'exécution du présent décret, qui sera inséré au *Bulletin des Lois*.

Signé : NAPOLÉON.

Par l'Empereur :

Le Ministre secrétaire d'État par intérim,

Signé : Duc de CADORE.

DÉCRET

modifiant le régime administratif du Théâtre-Français.

AU NOM DU PEUPLE FRANÇAIS,

Le Président de la République,

Vu le rapport de la commission des théâtres, chargée par le Ministre de l'intérieur de rechercher les moyens d'apporter au régime administratif du théâtre de la République les modifications dont la nécessité sera reconnue;

Vu les avis du Conseil d'État, délibérés dans ses séances des 5 et 6 mars et 11 avril 1850;

Vu le décret du 15 octobre 1812;

Sur le rapport du Ministre de l'intérieur,

Décrète :

TITRE PREMIER.

DE L'ADMINISTRATION DU THÉÂTRE-FRANÇAIS.

§ 1er. — DE L'ADMINISTRATEUR.

ARTICLE PREMIER.

Le Théâtre-Français est placé sous la direction d'un administrateur nommé par le Ministre de l'intérieur.

ART. 2.

L'administrateur du Théâtre-Français est chargé :

1° De présenter, chaque année, à l'approbation du Ministre de l'intérieur, le budget du théâtre, dressé par le comité d'administration et soumis à l'examen de l'assemblée générale des sociétaires;

2° D'ordonner, dans les limites portées au budget pour chaque nature de dépenses, celles qui seront nécessaires pour toutes les parties du service, et de signer à cet effet tous ordres de fournitures et mandats de payements;

3° De passer les marchés, souscrire les obligations pour le service et signer tous actes dans l'intérêt de la société, conformément aux délibérations du comité. Ceux des actes dont la durée excédera une année devront être approuvés par le Ministre de l'intérieur;

4° D'exercer, tant en demandant qu'en défendant, conformément aux délibérations du comité, toutes les actions et tous les droits de la société des comédiens, après avoir pris l'avis du conseil de la Comédie, de l'assemblée générale et l'autorisation du Ministre; de faire tous actes conservatoires et tous recouvrements;

5° De faire les engagements d'acteurs pensionnaires dont la durée n'excède pas une année;

6° D'inspecter, régler et ordonner dans toutes les parties de la salle et des magasins, et de déléguer à cet effet, s'il le juge nécessaire, un ou plusieurs membres du comité d'administration;

7° De prendre toutes les mesures relatives au service intérieur, aux entrées, loges et billets de faveur, à la convocation et à la tenue des comités et des assemblées générales, aux affiches et annonces dans les journaux;

8° De distribuer les rôles, sauf le droit des auteurs et sans pouvoir imposer aux sociétaires des rôles en dehors de leurs emplois;

9° De statuer définitivement sur la formation du répertoire et sur les débuts;

10° De donner les tours de faveur, lesquels ne pourront être accordés à plus d'une pièce sur deux ouvrages reçus;

11° De donner les congés, en se conformant, pour leur répartition, aux dispositions du règlement et sans pouvoir en accorder plus de six mois à l'avance ni pour des époques périodiques;

12° De prononcer des amendes, dans les limites du maximum et du minimum fixés par le règlement.

Il exerce en outre les fonctions attribuées par le décret du 15 octobre 1812 au commissaire du Gouvernement près le Théâtre-Français.

ART. 3.

L'administrateur, après avoir pris l'avis du comité d'administration, propose au Ministre de l'intérieur :

1° Les admissions de sociétaires;

2° Les accroissements successifs de la part d'intérêt social, en ayant égard tant à la durée et à l'importance des services qu'à la nature de l'emploi; ces augmentations pourront être, à l'avenir, d'un douzième de la part sociale;

3° Les engagements d'acteurs pensionnaires dont la durée excède une année;

4° Les décisions relatives au partage des bénéfices et à la fixation des allocations annuelles attribuées aux sociétaires;

5° Les règlements relatifs aux congés, aux amendes et aux autres peines disciplinaires, aux feux, à la composition du comité de lecture, à la nomination de ses membres et à la tenue de ses séances.

ART. 4.

L'administrateur donne son avis au Ministre de l'intérieur sur tous les objets non compris dans les articles précédents concernant le Théâtre-Français.

ART. 5.

Toutes les personnes attachées au service du théâtre, le caissier et le contrôleur général exceptés, sont à la nomination de l'administrateur.

ART. 6.

L'administrateur présente au Ministre de l'intérieur, le 1er avril et le 1er octobre de chaque année, un rapport détaillé de sa gestion, dans lequel il fait connaître les pièces reçues à l'étude ou jouées, les travaux des acteurs et les résultats généraux de l'exploitation.

ART. 7.

Les rapports semestriels de l'administrateur sont communiqués avec toutes les pièces justificatives au comité d'administration qui, sous la présidence du membre le plus anciennement reçu sociétaire, est admis à les discuter et adresse directement ses observations au Ministre de l'intérieur.

ART. 8.

L'administrateur ne peut faire représenter aucune pièce n'ayant pas encore fait partie du répertoire du Théâtre-Français, si elle n'a été admise par le comité de lecture.

ART. 9.

L'administrateur a droit :

1° A un traitement égal au maximum de l'allocation annuelle d'un sociétaire;

2° A une part dans les bénéfices nets égale à deux fois le maximum d'une part de sociétaire.

Il lui est alloué, en outre, pour frais de service, une indemnité dont la quotité est fixée par le Ministre de l'intérieur.

§ 2. — DU COMITÉ D'ADMINISTRATION.

ART. 10.

Le comité d'administration, composé conformément à l'article 30 du décret du 15 décembre 1812, dresse le budget du théâtre.

Il délibère :

1° Sur les comptes du théâtre, sur les marchés à passer, sur les obligations à souscrire, sur les crédits extraordinaires et placements de fonds;

2° Sur les actions à intenter ou à soutenir au nom de la société;

3° Sur les objets compris dans l'article 3;

4° Sur les rapports semestriels de l'administrateur;

5° Sur la mise à la retraite des sociétaires après dix ans de services.

§ 3. — DE L'ASSEMBLÉE GÉNÉRALE.

ART. 11.

L'assemblée générale des sociétaires délibère :

1° Sur le budget des comptes du théâtre, sur les crédits extraordinaires et placements de fonds;

2° Sur les actions à intenter ou à soutenir au nom de la société.

TITRE II.

DES SOCIÉTAIRES.

ART. 12.

Chaque sociétaire a droit à une allocation annuelle, à des feux, à une quotité dans les bénéfices nets, à une représentation à son bénéfice, à une pension.

L'allocation annuelle, calculée proportionnellement à la quotité de la part sociale, ne peut dépasser le maximum des allocations fixes précédemment accordées aux sociétaires; elle sera payable par douzièmes.

La quotité des feux, suivant les services et les emplois, sera déterminée par le règlement.

La quotité dans les bénéfices nets est proportionnée à la part ou portion de part de chaque sociétaire;

Une moitié est mise en réserve et soumise aux dispositions des articles 22, 23, 24, 25, 26 et 27 du décret du 15 octobre 1812.

La représentation à bénéfice est accordée au sociétaire à l'époque de sa retraite définitive, après vingt ans au moins de service en qualité de sociétaire.

La pension de retraite ne sera acquise à l'avenir qu'après vingt années de service, à partir du jour de l'admission à titre de sociétaire. Elle est fixée et liquidée conformément au décret du 15 octobre 1812. Elle ne peut, dans aucun cas, sauf les droits acquis, dépasser la quotité déterminée par l'article 13 dudit décret.

ART. 13.

Après une période de dix années de service, à partir du jour de la réception, il sera statué de nouveau sur la position de chaque sociétaire reçu postérieurement à la promulgation du présent décret. Le Ministre, après avoir pris l'avis de l'administrateur et du comité d'administration, pourra prononcer la mise à la retraite, conformément à l'article 15 du décret du 14 octobre 1812.

Dans ce cas, le sociétaire aura droit au tiers de la pension qui lui aurait été due après vingt ans de service, et sera libre d'exercer son art, soit à Paris, soit dans les départements.

ART. 14.

Tout sociétaire qui, après vingt années de service, n'aura pas été, en vertu de l'article 14 du décret du 15 octobre 1812, mis en demeure de continuer à jouer sur le Théâtre-Français, sera libre de jouer sur les théâtres des départements. Il ne pourra jouer sur les théâtres de Paris qu'avec l'autorisation du Ministre de l'intérieur et sauf interruption du payement de sa pension de retraite pendant la durée des engagements qu'il aura contractés sur ces théâtres.

ART. 15.

Les acteurs sont tenus, sous les peines qui seront déterminées par le règlement, de se soumettre aux ordres de service donnés par l'administrateur.

Ils ne peuvent, sous les mêmes peines :

1° Refuser aucun rôle de leur emploi ni s'opposer à ce qu'un autre acteur le partage avec eux;

2° S'absenter sans congé ni dépasser le terme du congé obtenu.

Les peines disciplinaires autres que les amendes ne peuvent être prononcées que par décision du Ministre de l'intérieur, sur la proposition de l'administrateur.

TITRE III.

DE LA COMPTABILITÉ.

ART. 16.

Le budget des recettes et des dépenses du Théâtre-Français est dressé chaque année et approuvé dans les formes prescrites par l'article 2.

Il comprend les prévisions de recettes et de dépenses afférentes à toute la durée de l'exercice.

ART. 17.

Sont seuls considérés comme appartenant à un exercice, les services faits et les droits acquis à la société ou à ses créanciers, du 1er janvier au 31 décembre de l'année qui donne son nom audit exercice.

ART. 18.

Il est ouvert, au budget de chaque exercice, un chapitre spécial destiné à pourvoir aux dépenses que le Ministre de l'intérieur croirait utile d'autoriser, dans l'intérêt du théâtre, en dehors ou en supplément des prévisions portées aux chapitres du budget.

La quotité du crédit ouvert par ce chapitre est déterminée, chaque année, par le Ministre; elle ne peut excéder le cinquième du montant de la subvention.

Il ne peut être imputé de dépense sur ledit chapitre qu'avec l'autorisation du Ministre.

ART. 19.

Les placements de fonds et les dépenses extraordinaires non prévus au budget ou excédant les crédits alloués ne peuvent être proposés ou autorisés que dans les mêmes formes que le budget.

ART. 20.

Le caissier ne peut faire aucun payement que sur un mandat signé de l'administrateur.

Pour les dépenses extraordinaires prévues par les articles 18 et 19, l'ordonnancement ne peut avoir lieu qu'en vertu d'une autorisation spéciale du Ministre de l'intérieur.

La répartition des bénéfices entre les sociétaires ne peut avoir lieu que suivant un état dressé par l'administrateur et approuvé par le Ministre de l'intérieur.

ART. 21.

La comptabilité du caissier est tenue en partie double.

Il y a un journal, un grand-livre et autant de livres auxiliaires qu'il y a sur le grand-livre de comptes donnant lieu à des développements.

Chaque opération inscrite dans la comptabilité du théâtre doit être appuyée de justifications régulières.

ART. 22.

L'administrateur tient enregistrement des mandats de recette et de dépense qu'il délivre, des marchés et engagements qu'il souscrit, des entrées, loges et billets de faveur qu'il accorde, des ordres généraux de service et de tous les actes qu'il fait ou ordonne dans l'intérêt de la société.

ART. 23.

Le 15 de chaque mois, pour le mois précédent, l'administrateur adresse au Ministre de l'intérieur le compte des recettes et des dépenses de la société, avec toutes les justifications réclamées par le Ministre.

ART. 24.

La comptabilité du Théâtre est soumise, sur la demande du Ministre de l'intérieur, à la vérification des inspecteurs généraux et particuliers des finances.

La gestion de l'administrateur est soumise aux inspections administratives que le Ministre juge utile d'ordonner.

ART. 25.

Il sera procédé, dans le délai de trois mois, par un agent du Ministre de l'intérieur, concurrement avec l'administrateur et le plus ancien des sociétaires, à un récolement général de tous les objets composant le matériel, le mobilier, la collection de tableaux et de sculptures, les archives et la bibliothèque du Théâtre.

Les mouvements de ce matériel sont soumis à une comptabilité d'entrée et de sortie.

Chaque année, les résultats de cette comptabilité sont constatés dans un inventaire, et il est procédé à un récolement général, dans les formes indiquées ci-dessus.

Un double du procès-verbal de récolement est remis au Ministère de l'intérieur, après avoir été communiqué au comité d'administration.

ART. 26.

Le compte de l'exercice de chaque année reste ouvert jusqu'au 1er avril, pour le complément des opérations engagées avant le 31 décembre de l'année précédente, conformément à l'article 16.

Il est définitivement arrêté le 1er mai de l'année suivante.

Il comprend toutes les recettes réalisées et les droits acquis dans la période de l'exercice, toutes les dépenses faites ou engagements contractés pour des services faits, pendant la même période, et constate l'excédent de recettes, formant les bénéfices à répartir, conformément aux articles 9 et 12 ci-dessus.

ART. 27.

Ce compte est certifié par l'administrateur, soumis par lui à l'examen de l'assemblée générale et à l'approbation du Ministre.

A l'appui dudit compte sont joints :

1° Un état présentant la situation des valeurs de caisse et de portefeuille à la date de la clôture de l'exercice ;

2° Un état des engagements contractés ;

3° L'inventaire du matériel.

ART. 28.

Les dispositions encore en vigueur du décret du 15 octobre 1812, auxquelles il n'est pas dérogé par le présent décret, continuent à recevoir leur exécution.

Le Ministre de l'intérieur continue à exercer ceux des pouvoirs conférés au surintendant à l'égard desquels il n'est point statué par le présent décret.

ART. 29.

Le Ministre de l'intérieur est chargé de l'exécution du présent décret.

Fait à Paris, à l'Élysée national, le 27 avril 1850.

Signé : LOUIS-NAPOLÉON BONAPARTE.

Par l'Empereur :

Le Ministre de l'Intérieur,

Signé : J. BAROCHE.

DÉCRET

fixant le taux du droit des auteurs et concernant le droit à la retraite des sociétaires.

NAPOLÉON, par la grâce de Dieu et la volonté nationale, EMPEREUR DES FRANÇAIS,

A tous présents et à venir, SALUT.

Sur le rapport de notre Ministre d'État,

Vu les articles 12, 13 et 72 du décret du 15 octobre 1812;

Vu les articles 12 et 13 du décret du 27 avril 1850;

Vu le rapport de la commission chargée d'examiner l'organisation actuelle du Théâtre-Français et de rechercher si des modifications utiles pourraient y être apportées;

Notre Conseil d'État entendu,

AVONS DÉCRÉTÉ ET DÉCRÉTONS ce qui suit:

ARTICLE PREMIER.

L'article 72 du décret du 15 octobre 1812 est modifié ainsi qu'il suit:

Art. 72. La part d'auteur dans le produit brut des recettes est de 15 p. 100 par soirée, à répartir entre les ouvrages, tant anciens que modernes, faisant partie de la composition du spectacle, conformément au tableau suivant:

Une pièce seule		15 p. 100.
2 pièces égales	7 1/2 chacune	15
4 ou 5 actes	11	15
1 ou 2 actes	4	
4 ou 5 actes	9	15
3 actes	6	
3 actes	10	15
1 ou 2 actes	5	

3 pièces égales..............	5 chacune.......	15 p. 100.
4 ou 5 actes.................	8..............	15
1 ou 2 actes	3 1/2...........	
1 ou 2 actes.................	3 1/2...........	
4 ou 5 actes.................	7..............	15
3 actes......................	5..............	
1 ou 2 actes.................	3..............	
3 actes......................	7..............	15
1 ou 2 actes.................	4..............	
1 ou 2 actes.................	4..............	
3 actes......................	5 1/2...........	15
3 actes......................	5 1/2...........	
1 ou 2 actes.................	4..............	

Cependant, les auteurs et les comédiens pourront faire toute autre convention de gré à gré, à la condition de ne pas réduire les droits d'auteur fixés dans le tableau précédent.

ART. 2.

A l'avenir, la pension de retraite sera acquise, fixée et liquidée conformément au décret du 15 octobre 1812. Elle ne peut, dans aucun cas, sauf les droits acquis, dépasser la quotité déterminée par l'article 13 dudit décret.

ART. 3.

Après une période de dix années de services, à partir du jour des débuts lorsqu'ils auront été immédiatement suivis de l'admission comme artiste aux appointements, et ensuite comme sociétaire, il sera statué de nouveau sur la position de chaque sociétaire reçu postérieurement à la promulgation du présent décret. Le Ministre, après avoir pris l'avis de l'administrateur et du Conseil d'administration, pourra prononcer la mise à la retraite, conformément à l'article 16 du décret du 15 octobre 1812.

Dans ce cas, le sociétaire aura droit au tiers de la pension qui lui aurait été due après vingt ans de service, et sera libre d'exercer son art soit à Paris, soit dans les départements.

ART. 4.

Les avantages résultant de l'article précédent pourront être appliqués à ceux des sociétaires actuels qui ont été nommés postérieurement au décret du 26 avril 1850, et qui demanderont, après dix années de service, comme pensionnaires et comme sociétaires, que leur position soit revisée conformément à l'article précédent.

Ceux des sociétaires qui, n'étant pas maintenus dans leur position, se trouveraient alors avoir, à l'aide de leurs services antérieurs, plus de dix années d'exercice, pourront recevoir, pour chacune des années qui en formeront l'excédent, deux cents francs de pension imputables, moitié sur le fonds de cent mille francs (réduit aujourd'hui à quatre-vingt-dix mille francs), moitié sur celui de la société.

ART. 5.

Les dispositions du décret du 27 avril 1850 qui sont contraires au présent décret sont abrogées.

ART. 6.

Notre Ministre d'État est chargé de l'exécution du présent décret.

Fait au palais de Compiègne, le 19 novembre 1859.

Signé : NAPOLÉON.

Par l'Empereur :

Le Ministre d'État,

Signé : ACHILLE FOULD.

DÉCRET

élevant le chiffre de la pension des sociétaires.

Le Président de la République française,

Sur le rapport du Ministre de l'instruction publique, des cultes et des beaux-arts :

Vu le décret du 15 octobre 1812 ;

Vu l'ordonnance royale du 12 mai 1822 ;

Vu l'ordonnance royale du 15 juillet 1823 ;

Vu le décret du 27 avril 1850 ;

Vu le décret du 19 novembre 1859 ;

Vu la convention établie par les sociétaires du Théâtre-Français, par acte passé devant Me Donon et son collègue, notaires à Paris, les 16, 20, 22 et 31 mars 1877, enregistré le 3 avril suivant ;

Le Conseil d'État entendu,

Décrète :

ARTICLE PREMIER.

Sont approuvées les conventions passées entre les sociétaires du Théâtre-Français, par acte public en date des 16, 20, 22 et 31 mars 1877, et ayant pour objet, sous les conventions déterminées audit acte, d'ajouter à la pension de quatre mille francs, fixée par les règlements actuels, une pension supplémentaire de mille francs, qui sera prélevée sur les recettes générales du Théâtre-Français.

ART. 2.

Le Ministre de l'instruction publique, des cultes et des beaux-arts est chargé de l'exécution du présent décret.

Fait à Paris, le 6 juillet 1877.

Signé : Maréchal DE MAC-MAHON,
Duc de Magenta.

Par le Président de la République :
Le Ministre de l'Instruction publique, des Cultes et des Beaux-Arts,
Signé : Joseph BRUNET.

DÉCRET

fixant le traitement de l'administrateur général.

Le Président de la République française,

Sur le rapport du Ministre de l'instruction publique, des beaux-arts et des cultes,

Vu le décret du 15 octobre 1812;

Vu le décret du 27 avril 1850;

Considérant qu'il importe de régler la situation de l'administrateur général de la Comédie-Française et de déterminer le traitement attaché à ses fonctions, en dehors de toute participation dans les bénéfices,

Décrète :

ARTICLE PREMIER.

Le traitement de l'administrateur général de la Comédie-Française est fixé à trente mille francs.

ART. 2.

Il sera alloué, en outre, à l'administrateur général, une indemnité pour frais de service, dont la quotité sera fixée par arrêté du Ministre de l'instruction publique, des beaux-arts et des cultes.

ART. 3.

Les dispositions du décret du 27 avril 1850 contraires au présent décret sont abrogées.

ART. 4.

Le Ministre de l'instruction publique, des beaux-arts et des cultes est chargé de l'exécution du présent décret.

Fait à Paris, le 20 octobre 1885.

Signé : Jules GRÉVY.

Par le Président de la République :

Le Ministre de l'Instruction publique,
des Beaux-Arts et des Cultes,
Signé : René GOBLET.

DÉCRET

modifiant la composition du comité de lecture.

Le Président de la République française,

Sur le rapport du Ministre de l'instruction publique et des beaux-arts;
Vu le décret du 14 octobre 1812,

Décrète :

ARTICLE PREMIER.

Les articles 68, 69, 70 et 71 du décret du 14 octobre 1812 (titre V, des pièces nouvelles et des auteurs) sont remplacés par les articles suivants:

Art. 68. La lecture des pièces nouvelles se fera devant un comité composé:

1° De l'administrateur général, président;

2° Des 6 membres titulaires du comité d'administration.

Dans le cas où le doyen des sociétaires ne ferait pas partie du comité d'administration, il est membre de droit du comité de lecture, en qualité de vice-président.

Art 69. L'admission a lieu à la pluralité absolue des voix; en cas de partage, la voix de l'administrateur général est prépondérante.

Art. 70. Après la lecture, il sera procédé à un tour d'opinions dans lequel chacun des membres présents sera invité à exprimer son avis.

Le vote aura lieu ensuite nominalement, par bulletins signés, et portant l'une des mentions suivantes: pièce reçue, refusée, ou admise à une seconde lecture.

Art. 71. Toutes les pièces présentées au secrétariat du Théâtre-Français devront être immédiatement inscrites sur un registre spécial, avec un numéro d'ordre constatant le jour de leur dépôt.

Elles seront remises sans retard à des examinateurs chargés d'en prendre connaissance et de faire, sur chacune d'elles, un rapport motivé concluant, suivant leur appréciation, à ce que la pièce soit réservée pour être ultérieurement lue devant le comité de lecture, ou bien à ce que, sans plus ample examen, elle soit rendue à son auteur.

Tous ces rapports seront soumis au comité de lecture, formé comme il est dit en l'article 68, et à qui seul il appartiendra d'en accepter ou d'en rejeter les conclusions.

Le résultat de cet examen préalable devra toujours être notifié à l'auteur, un mois au plus tard après le dépôt de sa pièce.

ART. 2.

Le Ministre de l'instruction publique et des beaux-arts est chargé de l'exécution du présent décret.

Fait à Paris, le 1er février 1887.

Signé : Jules GRÉVY.

Par le Président de la République :

Le Ministre l'Instruction publique et des Beaux-Arts,

Signé : BERTHELOT.

D

THÉÂTRE DE L'OPÉRA-COMIQUE.

THÉÂTRE DE L'OPÉRA-COMIQUE.

Aux termes des lois de finances annuelles, le théâtre de l'Opéra-Comique reçoit une subvention de 300,000 francs.

Il est géré par un directeur-entrepreneur, administrant à ses risques et périls, conformément aux clauses et conditions d'un cahier des charges dressé par le Ministre de l'instruction publique et des beaux-arts.

E

THÉÂTRE DE L'ODÉON.

THÉATRE DE L'ODÉON.

Aux termes des lois de finances annuelles, le théâtre de l'Odéon reçoit une subvention de 100,000 francs.

Sa gestion est confiée à un directeur-entrepreneur, administrant à ses risques et périls, conformément aux clauses et conditions d'un cahier des charges dressé par le Ministre de l'instruction publique et des beaux-arts.

F

ENSEIGNEMENT MUSICAL
ET DRAMATIQUE.

ENSEIGNEMENT MUSICAL

ET DRAMATIQUE.

L'organisation de cet enseignement, établie par la loi de finances de 1884, comprend quatre catégories d'écoles placées sous l'autorité du Ministre de l'instruction publique et des beaux-arts, savoir :

1° Le Conservatoire national de musique et de déclamation correspondant à une école d'enseignement supérieur ;

2° Neuf Succursales du Conservatoire correspondant à des établissements d'enseignement secondaire ;

3° Dix-sept écoles, dites Écoles Nationales, correspondant à des établissements d'enseignement primaire ;

4° Six Maîtrises de cathédrales qui reçoivent des subventions, en raison des garanties particulières qu'elles offrent comme écoles d'application et comme gardiennes de la tradition des maîtres du plain-chant.

Toutes ces écoles sont reliées entre elles et soumises au contrôle périodique d'un corps d'Inspecteurs techniques relevant de la Direction des beaux-arts.

A l'exception du Conservatoire de Paris, qui est à la charge exclusive de l'État, elles sont défrayées en participation par l'État, les Municipalités, les Conseils généraux ou les Conseils de fabrique, en vertu de conventions dont on trouvera plus loin les formules.

Il convient de joindre à cette énumération une institution hors cadre, l'École de musique classique, fondée à Paris en 1853 et qui reçoit une subvention de l'État pour former des professeurs. C'est une sorte d'École normale d'instituteurs musicaux.

DÉCRET

portant organisation du Conservatoire national de musique et de déclamation.

Le Président de la République française,

Sur le rapport du Ministre de l'instruction publique, des cultes et des beaux-arts;

Décrète :

TITRE PREMIER.

INSTITUTION DU CONSERVATOIRE NATIONAL DE MUSIQUE ET DE DÉCLAMATION.

ARTICLE PREMIER.

Le Conservatoire national de musique et de déclamation est consacré à l'enseignement gratuit de la musique vocale et instrumentale et de la déclamation dramatique et lyrique.

ART. 2.

Cet enseignement se divise en neuf sections :

1° Solfège et théorie musicale;

2° Harmonie, orgue et composition;

3° Chant, déclamation lyrique;

4° Piano, harpe;

5° Instruments à archet;

6° Instruments à vent;

7° Classes d'ensemble;

8° Lecture à haute voix, diction et déclamation dramatique;

9° Histoire générale de la musique; histoire et littérature dramatique.

ART. 3.

Il y a au Conservatoire :

1° Une bibliothèque composée d'œuvres musicales et dramatiques et de publications relatives à la musique et à l'art théâtral;

2° Un musée composé d'instruments de musique anciens et modernes et d'objets ayant un intérêt direct pour l'enseignement de la musique ou la facture instrumentale.

TITRE II.

DIRECTION, ADMINISTRATION.

ART. 4.

Le Conservatoire est placé sous l'autorité d'un directeur qui règle tous les travaux et préside tous les comités, dans lesquels sa voix est prépondérante.

ART. 5.

Le directeur est nommé par décret du Président de la République, sur la proposition du Ministre.

En cas de maladie ou de congé du directeur, la personne qui doit le suppléer est désignée par le Ministre.

ART. 6.

L'Administration se compose en outre :

1° D'un chef du secrétariat, chargé de tout ce qui concerne la discipline intérieure, le matériel et la comptabilité;

2° D'un bibliothécaire;

3° D'un conservateur du musée;

4° D'un sous-chef du secrétariat et du nombre de commis nécessaire aux besoins du service.

Tous ces fonctionnaires, ainsi que les employés et gens de service, sont nommés par le Ministre, sur la présentation du directeur du Conservatoire et la proposition du directeur général des beaux-arts.

TITRE III.

CORPS ENSEIGNANT.

ART. 7.

Le corps enseignant se compose :

De professeurs titulaires;

De professeurs agrégés;

D'accompagnateurs chargés de l'étude des rôles;

De répétiteurs.

ART. 8.

Les professeurs et les accompagnateurs sont nommés par le Ministre, sur la présentation du directeur du Conservatoire et sur la proposition du directeur général des beaux-arts.

ART. 9.

Les répétiteurs sont nommés par le directeur du Conservatoire, pour une période de trois ans, qui, sur leur demande, peut être renouvelée, sans que cette prolongation leur donne aucun droit au titre de professeur.

TITRE IV.

CHAPITRE PREMIER.

CONSEIL D'ENSEIGNEMENT; JURYS D'ADMISSION; COMITÉS D'EXAMEN DES CLASSES; JURYS DES CONCOURS.

§ 1er. — CONSEIL D'ENSEIGNEMENT.

ART. 10.

Il est institué un conseil d'enseignement pour les études musicales et un conseil d'enseignement pour les études dramatiques. Ces conseils sont présidés par le Ministre ou par le directeur général des beaux-arts et, en leur absence, par le directeur du Conservatoire.

ART. 11.

Le conseil d'enseignement pour les études musicales est ainsi composé :

Le directeur général des beaux-arts;
Le directeur du Conservatoire;
Le sous-directeur des beaux-arts;
Les membres de la section de musique de l'Institut;
Les professeurs de composition au Conservatoire;
Le chef du secrétariat du Conservatoire.

ART. 12.

Le conseil d'enseignement pour les études dramatiques est ainsi composé :

Le directeur général des beaux-arts;
Le directeur du Conservatoire;
Le sous-directeur des beaux-arts;
Trois auteurs dramatiques, membres de l'Académie française, désignés par le Ministre;
Le doyen des professeurs de déclamation dramatique au Conservatoire;
Le chef du secrétariat du Conservatoire.

ART. 13.

Le conseil d'enseignement pour les études musicales et le conseil d'enseignement pour les études dramatiques peuvent être appelés à donner, séparément ou réunis en conseil supérieur, leur avis sur les questions et les mesures d'intérêt général relatives à l'enseignement du Conservatoire.

§ 2. — JURYS D'ADMISSION.

ART. 14.

Il y a un jury d'admission pour chaque section de l'enseignement.

ART. 15.

Chaque jury d'admission se compose des membres du conseil d'enseignement et des professeurs titulaires spéciaux.

§ 3. — COMITÉS D'EXAMEN DES CLASSES.

ART. 16.

Il y a un comité d'examen des classes pour chaque section de l'enseignement.

ART. 17.

Chaque comité d'examen se compose pour les études musicales :

Des membres du conseil d'enseignement;

De six membres choisis parmi les professeurs titulaires du Conservatoire et parmi les artistes étrangers à l'école.

Ces six membres, nommés par le Ministre, sont renouvelables par tiers, tous les deux ans.

ART. 18.

Les professeurs du Conservatoire ne peuvent faire partie du comité appelé à examiner les élèves de leur classe ou les élèves des classes du même enseignement.

§ 4.

ART. 19.

Pour la déclamation dramatique, le jury d'admission et le comité d'examen sont exceptionnellement composés de la manière suivante :

Les membres du conseil d'enseignement;

L'administrateur général du Théâtre-Français;

Les professeurs titulaires;

Quatre membres étrangers au Conservatoire.

Ces quatre membres sont nommés par le Ministre. Ils sont renouvelables par moitié, tous les trois ans.

ART. 20.

Le jury de chaque concours se compose du directeur du Conservatoire, président, et de huit ou dix autres membres pris, pour la moitié au moins, parmi les personnes étrangères au Conservatoire.

CHAPITRE II.

EXAMENS, CONCOURS, EXERCICES.

ART. 21.

Il y a pour toutes les classes des examens semestriels, des exercices publics et des concours annuels.

TITRE V.

DISPOSITIONS GÉNÉRALES ET TRANSITOIRES.

ART. 22.

Un règlement arrêté par le Ministre fixera les détails d'application du présent décret.

ART. 23.

Sont abrogées toutes les dispositions des décrets, arrêtés et règlements antérieurs qui seraient contraires au présent décret.

Fait à Paris, le 9 septembre 1878.

Signé: M^al^ DE MAC-MAHON,
DUC DE MAGENTA.

Par le Président de la République :
Le Ministre de l'Instruction publique, des Cultes et des Beaux-Arts,
Signé : A. BARDOUX.

ARRÊTÉ

fixant le règlement du Conservatoire.

Le Ministre de l'instruction publique, des cultes et des beaux-arts,

Vu le règlement du Conservatoire national de musique et de déclamation, en date du 22 novembre 1850;

Vu les arrêtés ministériels en date des 27 mai 1856, 20 novembre 1869, 14 septembre 1871, 17 mai 1872, 13 octobre 1873, 14 octobre 1875 et 13 janvier 1877;

Vu le décret du Président de la République en date du 9 septembre 1878,

Arrête :

Est et demeure approuvé le règlement ci-après du Conservatoire national de musique et de déclamation.

Ce règlement est exécutoire à dater de ce jour.

TITRE PREMIER.

ENSEIGNEMENT.

SECTION PREMIÈRE.

SOLFÈGE.

ARTICLE PREMIER.

L'enseignement du solfège est distinct et séparé pour les chanteurs et les instrumentistes.

ART. 2.

Il y a quatre classes de solfège pour les chanteurs :

Deux pour les élèves hommes,

Deux pour les élèves femmes.

Ces classes, obligatoires pour les élèves titulaires des classes de chant, leur sont exclusivement réservées.

Il y a huit classes de solfège pour les instrumentistes :

Trois pour les élèves hommes,

Cinq pour les élèves femmes.

ART. 3.

Le directeur peut confier à des répétiteurs les classes supplémentaires de solfège dont la création est reconnue nécessaire.

SECTION II.

HARMONIE, ORGUE, COMPOSITION.

§ 1er.

ART. 4.

Il y a six classes d'harmonie écrite :

Quatre pour les hommes,
Deux pour les femmes.

ART. 5.

Il y a une classe d'accompagnement au piano.

Cet enseignement comprend l'accompagnement de la basse chiffrée, du chant donné, de la grande partition, et la transposition à première vue.

On ne peut être reçu dans la classe d'accompagnement qu'après avoir été admis à concourir pour l'harmonie écrite.

§ 2.

ART. 6.

Il y a une classe d'orgue et d'improvisation.

§ 3.

ART. 7.

Il y a trois classes de composition.

Cet enseignement comprend le contre-point et la fugue, la composition et l'instrumentation.

SECTION III.

CHANT ET DÉCLAMATION LYRIQUE.

§ 1er.

ART. 8.

Il y a huit classes de vocalisation et de chant.

§ 2.

ART. 9.

Il y a trois classes de déclamation lyrique :

Une pour l'opéra;

Deux pour l'opéra-comique.

Les élèves de ces classes suivent obligatoirement une classe de maintien et une classe de diction.

ART. 10.

Il est attaché à chaque classe de déclamation lyrique un accompagnateur chargé de l'étude des rôles.

SECTION IV.

PIANO ET HARPE.

§ 1er.

ART. 11.

Il y a cinq classes de piano :

Deux pour les hommes,
Trois pour les femmes.

ART. 12.

Il y a cinq classes préparatoires de piano :

Deux pour les hommes,
Trois pour les femmes.

On ne peut être admis dans ces classes après l'âge de quinze ans.

ART. 13.

Il y a deux classes d'étude du clavier :

Une pour les hommes,
Une pour les femmes.

Ces classes sont destinées exclusivement aux élèves du chant.

§ 2.

ART. 14.

Il y a une classe de harpe.

SECTION V.

INSTRUMENTS À ARCHET.

ART. 15.

Il y a quatre classes de violon;
Deux classes de violoncelle;
Une classe de contre-basse.

ART. 16.

Il y a deux classes préparatoires pour le violon, dans lesquelles on ne peut être admis au delà de seize ans.

SECTION VI.

INSTRUMENTS À VENT.

ART. 17.

Il y a une classe pour chacun des instruments ci-après désignés :

Flûte,
Hautbois,
Clarinette,
Basson,
Cor,
Cornet à pistons,
Trompette,
Trombone.

SECTION VII.

CLASSES D'ENSEMBLE.

ART. 18.

Il y a une classe d'ensemble vocal obligatoire pour tous les élèves des classes de chant.

ART. 19.

Il y a une classe d'ensemble instrumental pour la musique de chambre.

Cette classe est obligatoire pour les lauréats des classes de piano, d'instruments à archet et à vent.

ATR. 20.

Il y a une classe d'orchestre obligatoire pour les élèves des classes d'instruments à archet et à vent.

SECTION VIII.

§ 1er.

ART. 21.

Il y a quatre classes de déclamation dramatique.

Cet enseignement comprend la lecture à haute voix, la diction et la déclamation.

Les élèves de déclamation suivent obligatoirement une classe de maintien.

§ 2.

ART. 22.

Il y a pour les élèves qui se destinent au théâtre :

Deux classes de maintien :

Une pour les hommes,

Une pour les femmes.

Une classe d'escrime.

SECTION IX.

§ 1er.

ART. 23.

Il y a un cours d'histoire de la musique.

Ce cours a lieu une fois par semaine.

Il est obligatoire pour les élèves des classes de composition et d'harmonie.

§ 2.

ART. 24.

Il y a un cours d'histoire et de littérature dramatique.

Ce cours a lieu une fois par semaine.

Il est obligatoire pour les élèves des classes de déclamation dramatique et de déclamation lyrique.

TITRE II.

CHAPITRE PREMIER.

DES PROFESSEURS.

ART. 25.

Les professeurs de composition jouissent d'un traitement égal et fixe de 3,000 francs par an.

Les professeurs titulaires et les professeurs agrégés sont divisés, dans leur catégorie respective, en quatre classes, dont les traitements sont fixés ainsi qu'il suit :

Titulaires.

1re classe	2,400f
2e —	2,100
3e —	1,800
4e —	1,500

Agrégés.

1re classe	1,200f
2e —	1,000
3e —	800
4e —	600

ART. 26.

Tout professeur, titulaire ou agrégé, à son entrée en fonctions, prend rang dans la quatrième classe.

ART. 27.

Les professeurs titulaires ou agrégés sont tenus de donner trois leçons, de deux heures chacune, par semaine.

Toutefois, les professeurs de composition ne donnent que deux leçons par semaine.

Tout professeur qui, sans empêchement légalement constaté, ou sans autorisation du directeur, aurait manqué de donner trois leçons dans le même mois, serait privé de son traitement pendant la durée de ce même mois.

ART. 28.

La mise à la retraite des professeurs est prononcée par le Ministre.

ART. 29.

Les membres du corps enseignant peuvent être révoqués par le Ministre pour cause d'inexactitude habituelle, ou pour tout autre motif grave, sur le rapport du directeur.

CHAPITRE II.

DES ACCOMPAGNATEURS.

ART. 30.

Les accompagnateurs des classes de déclamation lyrique jouissent d'un traitement annuel de 600 francs au minimum et de 1,200 francs au maximum.

TITRE III.

CHAPITRE PREMIER.

DES CLASSES ET DE LEUR TENUE.

ART. 31.

L'année scolaire commence le premier lundi d'octobre et finit immédiatement après les concours publics.

ART. 32.

Toutes les classes sont faites dans l'intérieur du Conservatoire.

ART. 33.

Les mères des élèves femmes sont admises à assister aux leçons.

ART. 34.

Le directeur détermine les jours et les heures de classe de chaque professeur.

CHAPITRE II.

DES ÉLÈVES, DE LEUR ADMISSION, DE LEURS DROITS ET DE LEURS DEVOIRS.

ART. 35.

On n'est admis élève au Conservatoire que par voie d'examen et de concours

ART. 36.

Les examens et les concours d'admission ont lieu du 15 octobre au 15 novembre.

ART. 37.

Les aspirants doivent se faire inscrire au secrétariat du Conservatoire, en déposant un extrait de leur acte de naissance et un certificat de vaccination.

ART. 38.

Le directeur du Conservatoire peut faire venir un aspirant des départements.

Tout aspirant appelé à Paris pour se présenter au concours d'admission reçoit une indemnité de frais de voyage et de séjour dans cette ville.

La même indemnité de frais de voyage lui est accordée pour le retour, s'il n'est pas admis.

ART. 39.

Aucun aspirant ne peut être admis s'il a moins de neuf ans ou plus de vingt-deux ans.

Au delà de cette limite, l'admission n'a lieu que dans le cas où l'aspirant est jugé assez avancé pour terminer ses études en deux ans ou doué de dispositions exceptionnelles.

ART. 40.

Les élèves ne sont d'abord admis que provisoirement. Leur admission définitive n'est prononcée qu'après l'examen semestriel qui suit celui de leur admission provisoire.

ART. 41.

Le directeur répartit dans les diverses classes les élèves admis par les jurys.

Il peut faire passer un élève d'une classe dans une autre lorsqu'il juge ce changement utile à ses progrès.

ART. 42.

Le directeur peut admettre, sans le concours des jurys, les aspirants aux classes de solfège, d'étude du clavier, d'harmonie et de composition.

Après chaque examen semestriel, il place dans les classes d'opéra et d'opéra-comique les élèves de chant dont les études ont été jugées assez avancées pour qu'ils puissent suivre les classes de déclamation lyrique.

ART. 43.

Le directeur peut admettre, dans toutes les classes, des auditeurs choisis parmi les aspirants qui montrent le plus de dispositions.

Les auditeurs ne sont admis que pour la durée de l'année scolaire.

ART. 44.

Nul ne peut être admis dans une classe de solfège au delà de l'âge de treize ans.

Il n'est dérogé à cette règle qu'en faveur des élèves suivant déjà une classe de chant ou d'instrument.

ART. 45.

Aucun élève ne peut faire à la fois partie des classes de solfège et d'harmonie, ni des classes d'harmonie et de composition.

ART. 46.

Tout élève qui manque la classe deux fois dans le mois, sans excuse légitime, est rayé des contrôles.

ART. 47.

Aucun élève ne peut, sous peine de radiation, contracter un engagement avec un théâtre quelconque, jouer un rôle, chanter ou exécuter un morceau sur un théâtre ou dans un concert public, sans la permission expresse du directeur.

ART. 48.

Tout élève admis dans une classe de chant ou de déclamation contracte, par le fait même de son entrée au Conservatoire, l'obligation de ne s'engager avec aucun théâtre avant que ses études soient jugées complètes et terminées.

Il s'oblige, en outre, à la fin de ses études, à donner, pendant deux années, son concours aux théâtres subventionnés, s'il est réclamé par l'un des directeurs.

ART. 49.

Les aspirants étrangers peuvent être reçus avec l'autorisation spéciale du Ministre.

Ils jouissent des mêmes droits et sont soumis aux mêmes devoirs que les élèves nationaux. Toutefois, ils ne peuvent être admis à concourir pour les prix que dans leur deuxième année d'études au Conservatoire [1].

---

[1] Le nombre des élèves étrangers est limité par une décision contenue dans une lettre du Ministre au Directeur du Conservatoire, en date du 1er février 1887, dont voici le texte : « Je constate que le nombre des élèves étrangers va toujours en augmentant et qu'il y a même certaines classes où ces élèves sont en majorité. En présence des aspirants français qui se présentent chaque année au Conservatoire et que l'on ne peut admettre, faute de place, il ne me paraît plus possible de recevoir les étrangers dans la même proportion que par le passé. J'ai décidé, en conséquence, qu'à l'avenir il ne pourrait y avoir plus de *deux* élèves étrangers, au *maximum*, dans chaque classe. »

ART. 50.

Il est adressé au Ministre des états trimestriels constatant l'entrée et la sortie des élèves.

CHAPITRE III.

DES PENSIONS AUX ÉLÈVES DU CHANT ET DE LA DÉCLAMATION DRAMATIQUE.

ART. 51.

Douze pensions de 1,200 francs à 1,800 francs chacune sont attribuées, par voie de concours, aux élèves des deux sexes qui suivent les classes de chant et se destinent spécialement aux théâtres lyriques.

Dans le cas où les pensions ne seraient pas données en totalité, la somme disponible pourra être distribuée dans l'année en encouragements.

ART. 52.

Dix pensions de 600 francs sont attribuées, par voie de concours, aux élèves des deux sexes qui suivent les cours de déclamation dramatique.

ART. 53.

Les pensions sont accordées par le Ministre, d'après l'avis des comités d'examen et sur la présentation du directeur du Conservatoire et la proposition du directeur général des beaux-arts.

Les professeurs, membres des comités, ne peuvent prendre part au vote lorsque leurs élèves sont candidats à la pension.

ART. 54.

Les pensions peuvent toujours être retirées, en totalité ou en partie, soit disciplinairement par le directeur du Conservatoire, soit par le comité, à la suite d'un examen.

CHAPITRE IV.

DES EXAMENS SEMESTRIELS, DES CONCOURS, DES EXERCICES.

§ Ier. — DES EXAMENS SEMESTRIELS.

ART. 55.

A chaque examen semestriel, le comité se prononce sur le maintien ou le renvoi des élèves.

En outre, à l'examen du mois de juin, le comité désigne les élèves qui seront appelés à prendre part au concours et ceux dont les études doivent être considérées comme terminées.

§ 2. — DES CONCOURS.

ART. 56.

Les concours de fugue et d'harmonie se font en loge.

Les élèves de composition concourent à l'Institut pour les grands prix de Rome.

ART. 57.

Les élèves du même sexe et de la même spécialité, quel que soit le nombre des classes ou celui des concurrents, concourent ensemble. Les élèves des deux sexes sont réunis seulement dans les concours de déclamation lyrique et de déclamation dramatique; mais il y a des récompenses distinctes pour les élèves hommes et pour les élèves femmes.

ART. 58.

Les élèves des classes préparatoires de piano et de violon ne sont pas admis à concourir au delà de l'âge de dix-huit ans.

ART. 59.

Ne peuvent être admis à concourir :

Les élèves qui ont moins de six mois d'études, ou ceux qui, ayant débuté sur les théâtres, sont néanmoins conservés dans les classes pour s'y perfectionner.

ART. 60.

Tout élève qui, après trois années d'études, n'a pas été admis à concourir est rayé des contrôles.

Cessent également de faire partie du Conservatoire les élèves qui, ayant concouru trois fois, n'ont pas remporté de prix ni d'accessit, et ceux qui, après avoir obtenu une nomination, ont concouru deux fois sans succès.

ART. 61.

Les sujets de concours sont déterminés, chaque année, par les comités d'examen, sur la proposition du directeur.

ART. 62.

Les concours ont lieu dans le mois de juillet.

ART. 63.

Les récompenses se divisent en :

Premier prix,
Second prix,
Premier accessit,
Deuxième accessit.

Pour le solfège et les classes préparatoires de piano et de violon, il est décerné des premières, des deuxièmes et des troisièmes médailles.

ART. 64.

Dans les jurys de concours, la présence de sept membres au moins est nécessaire pour que les délibérations soient valables.

ART. 65.

Les membres du jury doivent se récuser dans les concours où figurent des élèves auxquels ils ont donné des leçons dans l'année.

Tout prix ou accessit obtenu en violation de cette disposition est annulé.

ART. 66.

Le jury délibère à huis clos. Il décide d'abord s'il y a lieu de décerner le premier prix.

En cas d'affirmative, le jury vote au scrutin secret, et le premier prix est décerné à la majorité des suffrages.

La même marche est suivie à l'égard du second prix et des accessits.

ART. 67.

La distribution a lieu immédiatement après le concours.

Chaque lauréat reçoit un diplôme.

Des médailles en argent sont remises aux premiers et aux seconds prix.

ART. 68.

L'élève qui a remporté le premier prix peut rester dans sa classe encore une année.

§ 3. — DES EXERCICES PUBLICS.

ART. 69.

Il y a tous les ans des exercices publics.

Quatre de ces exercices seront consacrés à la déclamation dramatique.

Les élèves désignés par le directeur pour prendre part à un exercice ne peuvent s'en dispenser, sous peine de radiation.

TITRE IV.

DE LA BIBLIOTHÈQUE ET DU MUSÉE D'INSTRUMENTS.

CHAPITRE PREMIER.

DE LA BIBLIOTHÈQUE.

ART. 70.

La bibliothèque est publique tous les jours, sauf les jours fériés et pendant les vacances.

ART. 71.

Le bibliothécaire doit tenir en double un catalogue de tous les ouvrages.

ART. 72.

Nul ouvrage ne peut être prêté au dehors sans une autorisation du directeur du Conservatoire.

CHAPITRE II.

DU MUSÉE D'INSTRUMENTS.

ART. 73.

Le musée est ouvert au public deux fois par semaine.

ART. 74.

Le conservateur doit tenir un inventaire de tous les instrumen s composant le musée et de tous les objets qui y entrent, soit à titre de don, soit par voie d'acquisition.

ART. 75.

Aucun objet appartenant au musée ne peut être prêté au dehors sans une autorisation ministérielle accordée sur l'avis du directeur du Conservatoire.

DISPOSITION GÉNÉRALE.

ART. 76.

Le directeur du Conservatoire est chargé de l'exécution du présent règlement, sous la surveillance du Ministre de l'instruction publique, des cultes et des beaux-arts.

Fait à Paris, le 11 septembre 1878.

Signé : A. BARDOUX.

ARRÊTÉ

organisant le mode de fonctionnement des classes préparatoires de déclamation.

Le Ministre de l'instruction publique et des beaux-arts,

Vu le décret du 9 septembre 1878;

Vu l'arrêté ministériel du 11 septembre 1878;

Sur la proposition du directeur des Beaux-Arts;

Arrête :

ARTICLE PREMIER.

Les auditeurs des classes de déclamation dramatique au Conservatoire national de musique et de déclamation prennent le titre d'élèves stagiaires.

ART. 2.

Les élèves stagiaires comprennent les candidats déclarés admissibles après la première épreuve du concours d'admission, mais qui n'ont pas été admis comme élèves titulaires après la seconde épreuve.

ART. 3.

Les élèves stagiaires forment deux classes préparatoires dirigées par deux professeurs agrégés.

ART. 4.

Les élèves stagiaires sont nommés pour un an; ils doivent se présenter au concours d'admission qui suit leur année d'études; si, à la suite du concours, ils ne sont pas admis comme élèves titulaires, ils cessent d'être élèves stagiaires et ne font plus partie du Conservatoire.

ART. 5.

Les élèves stagiaires ne prennent point part aux concours de fin d'année; ils subissent à la fin de mars l'examen spécial des classes préparatoires.

ART. 6.

Le directeur du Conservatoire national de musique et de déclamation est chargé de l'exécution du présent arrêté.

Fait à Paris, le 6 août 1888.

Signé : Éd. LOCKROY.

LISTE DES SUCCURSALES DU CONSERVATOIRE NATIONAL DE MUSIQUE ET DE DÉCLAMATION.

Succursale d'Avignon.
———— de Dijon.
———— du Havre.
———— de Lille.
———— de Lyon.
Succursale de Nancy.
———— de Nantes.
———— de Rennes.
———— de Toulouse.

LISTE DES ÉCOLES NATIONALES.

École d'Aix.
—— d'Angoulême.
—— de Bayonne.
—— de Boulogne-sur-Mer.
—— de Caen.
—— de Cette.
—— de Chambéry.
—— de Digne.
—— de Douai.
École du Mans.
—— de Nîmes.
—— de Perpignan.
—— de Roubaix.
—— de Saint-Étienne.
—— de Saint-Omer.
—— de Tours.
—— de Valenciennes.

LISTE DES MAÎTRISES.

Maîtrise de Langres.
——— de Montpellier.
——— de Moulins.
Maîtrise de Nevers.
——— de Reims.
——— de Rodez.

ÉCOLE DE MUSIQUE CLASSIQUE.

FORMULE

DES CONVENTIONS PASSÉES ENTRE L'ÉTAT ET LES MUNICIPALITÉS.

DÉPARTEMENT
d

RÉPUBLIQUE FRANÇAISE.

MAIRIE d

CONVENTION.

Entre le Ministre de l'instruction publique et des beaux-arts, agissant au nom de l'État,

d'une part;

Et M. le Maire d   agissant au nom de la Ville, spécialement autorisé à cet effet, par délibération du Conseil municipal, en date du

d'autre part,

Il a été convenu ce qui suit:

ARTICLE PREMIER.

La Ville consent à la transformation de son école municipale de musique en école nationale.

ART. 2.

Elle s'engage à porter annuellement à son budget et à prélever sur ses ressources propres une somme égale à celle inscrite au budget actuel de la commune, pour les dépenses de l'école, soit une somme de

Cet engagement est pris sous la réserve expresse que la Ville ne pourra être tenue à augmenter cette part contributive, pour quelque motif que ce puisse être, et à la condition que l'État, conformément à l'offre faite par M. le Préfet dans sa lettre en date du
interviendra dans les dépenses annuelles pour une somme de

ART. 3.

Le budget de l'école de musique comprenant la rétribution du personnel administratif et enseignant, ainsi que les divers frais de matériel, sera soumis, avant l'ouverture de chaque exercice, à l'approbation du Ministre.

Aucun changement ne pourra y être apporté sans l'assentiment du Ministre.

ART. 4.

La Ville s'engage à fournir à l'école le local nécessaire.

ART. 5.

L'école sera soumise à l'observation d'un règlement et à l'application d'un programme d'études établis par le Ministre sur les bases d'un projet préparé par la municipalité.

Ce règlement et ce programme d'études, une fois revêtus de l'approbation du Ministre, ne pourront plus être modifiés sans son consentement; ils seront annexés à la présente convention.

ART. 6.

Le Directeur sera nommé par le Ministre, sur la présentation du Préfet et après avis du Maire.

Les professeurs seront nommés par le Préfet, sur la présentation du Maire.

ART. 7.

L'école sera soumise au contrôle des délégués du Ministre.

ART. 8.

La municipalité s'engage à adresser, tous les trois mois, au Ministre, un état du personnel enseignant et des élèves, et un état de la situation financière de l'école indiquant les dépenses faites sur le budget de cette institution dans le cours du trimestre précédent.

ART. 9.

Le Maire d soumettra les termes de la présente Convention à l'approbation du Conseil municipal : l'extrait de la délibération dans laquelle aura été donnée la ratification dudit Conseil devra être approuvé par le Préfet d et transmis par lui au Ministre.

Fait en double à Paris, le 188 .

Le Maire d

Le Ministre de l'Instruction publique et des Beaux-Arts,

FORMULE

DES CONVENTIONS PASSÉES ENTRE L'ÉTAT

ET LES CONSEILS DE FABRIQUE.

DÉPARTEMENT
d

RÉPUBLIQUE FRANÇAISE.

MAÎTRISE DE LA CATHÉDRALE d

CONVENTION.

Entre le Ministre de l'instruction publique et des beaux-arts, agissant au nom de l'État,

d'une part;

Et M. le Président du Conseil de fabrique de la cathédrale de......... spécialement autorisé à cet effet, par délibération du Conseil de fabrique, en date du

Il a été convenu ce qui suit :

ARTICLE PREMIER.

Le Conseil de fabrique de la cathédrale de
s'engage à porter annuellement à son budget et à prélever sur ses ressources propres une somme égale à celle inscrite au budget actuel de la maîtrise, soit une somme de

Cet engagement est pris sous la réserve expresse que le Conseil de fabrique ne pourra être tenu à augmenter cette part contributive pour quelque motif que ce puisse être, et à la condition que l'État, conformément à l'offre faite par M. le Préfet, dans sa lettre en date du
interviendra dans les dépenses annuelles pour une somme de

ART. 2.

Le budget de la maîtrise, comprenant la rétribution du personnel administratif et enseignant, ainsi que les divers frais de matériel, sera soumis, avant l'ouverture de chaque exercice, à l'approbation du Ministre.

Aucun changement ne pourra y être apporté sans l'assentiment du Ministre.

ART. 3.

Le Conseil de fabrique s'engage à fournir à la maîtrise le local nécessaire.

ART. 4.

La maîtrise sera soumise à l'observation d'un règlement et à l'application d'un programme d'études établis par le Ministre sur les bases d'un projet préparé par le Directeur de la maîtrise.

Ce règlement et ce programme d'études, une fois revêtus de l'approbation du Ministre, ne pourront plus être modifiés sans son consentement; ils seront annexés à la présente Convention.

ART. 5.

Le Directeur sera nommé par le Ministre, sur la présentation de l'Évêque.

ART. 6.

La maîtrise sera soumise au contrôle des délégués du Ministre.

ART. 7.

Le Directeur de la maîtrise s'engage à adresser, tous les trois mois, au Ministre un état du personnel enseignant et des élèves, et un état de la situation financière de la maîtrise indiquant les dépenses faites sur le budget de cette institution dans le cours du trimestre précédent.

ART. 8.

Les termes de la présente Convention seront soumis à l'approbation du Conseil de fabrique : l'extrait de la délibération dans laquelle aura été donnée la ratification dudit Conseil devra être transmis au Ministre par le Préfet du département de

Fait en double à Paris, le

Le Président du Conseil de fabrique,

Le Ministre de l'instruction publique et des beaux-arts,

ARRÊTÉ

créant l'inspection musicale.

LE MINISTRE DE L'INSTRUCTION PUBLIQUE, DES CULTES ET DES BEAUX-ARTS,

Sur la proposition du Directeur des beaux-arts,

ARRÊTE :

L'inspection de l'enseignement musical est composée d'un inspecteur général et de six inspecteurs.

Paris, le 17 mai 1884.

Signé : A. FALLIÈRES.

G

INSPECTION DES THÉÂTRES.

LOI SUR LA POLICE DES THÉÂTRES.

L'Assemblée nationale a adopté d'urgence la loi dont la teneur suit :

ARTICLE PREMIER.

Jusqu'à ce qu'une loi générale, qui devra être présentée dans le délai d'une année, ait définitivement statué sur la police des théâtres, aucun ouvrage dramatique ne pourra être représenté sans l'autorisation préalable du Ministre de l'intérieur, à Paris, et du préfet dans les départements.

Cette autorisation pourra toujours être retirée pour des motifs d'ordre public.

ART. 2.

Toute contravention aux dispositions qui précèdent est punie, par les tribunaux correctionnels, d'une amende de cent francs à mille francs, sans préjudice des poursuites auxquelles pourraient donner lieu les pièces représentées.

. . . .

Délibéré en séance publique, à Paris, le 30 juillet 1850.

Le Président et les secrétaires,

Signé : Benoist d'Azy, *vice-président ;* Arnaud (de l'Ariège), Lacaze, Peupin, Chapot, Bérard.

La présente loi sera promulguée et scellée du sceau de l'État.

Le Président de la République,

Signé : Louis-Napoléon BONAPARTE.

Par le Président de la République :
Le Garde des sceaux,
Ministre de la Justice,

Signé : E. ROUHER.

LOI

qui proroge celle du 30 juillet 1850 sur la police des théâtres.

L'Assemblée nationale a adopté d'urgence la loi dont la teneur suit:

ARTICLE UNIQUE.

La loi du 30 juillet 1850, sur la police des théâtres, est prorogée jusqu'au 31 décembre 1852.

Délibéré en séance publique, à Paris, le 30 juillet 1851.

Le Président et les secrétaires,
Signé : Dupin, Lacaze, Chapot, Peupin, Bérard, Yvan, Moulin.

La présente loi sera promulguée et scellée du sceau de l'État.

Le Président de la République,
Signé : Louis-Napoléon BONAPARTE.

Par le Président de la République :
Le Garde des sceaux,
Ministre de la Justice,
Signé : E. ROUHER.

DÉCRET

relatif à la représentation des ouvrages dramatiques.

NAPOLÉON, par la grâce de Dieu et la volonté nationale, EMPEREUR DES FRANÇAIS, à tous présents et à venir, SALUT.

Sur le rapport de notre Ministre secrétaire d'État au département de l'intérieur, de l'agriculture et du commerce;

Vu le décret du 8 juin 1806, les lois des 30 juillet 1850 et 30 juillet 1851;

Vu l'article 6 de la Constitution;

Considérant que l'ordre public est intéressé à ce que les ouvrages dramatiques ne puissent être représentés sans l'autorisation préalable du Gouvernement;

AVONS DÉCRÉTÉ et DÉCRÉTONS ce qui suit :

ARTICLE PREMIER.

Les ouvrages dramatiques continueront à être soumis, avant leur représentation, à l'autorisation de notre Ministre de l'intérieur, à Paris, et des préfets dans les départements.

ART. 2.

Cette autorisation pourra toujours être retirée pour des motifs d'ordre public.

ART. 3.

Notre Ministre secrétaire d'État au département de l'intérieur, de l'agriculture et du commerce, est chargé de l'exécution du présent décret.

Fait au palais des Tuileries, le 30 décembre 1852.

Signé : NAPOLÉON.

Par l'Empereur :
Le Ministre secrétaire d'État
au département de l'intérieur, de l'agriculture
et du commerce,

Signé : F. DE PERSIGNY.

DÉCRET

rétablissant la Commission d'examen des ouvrages dramatiques supprimée par décret en date du 30 septembre 1870.

Le Président de la République française,

Sur le rapport du Ministre de l'instruction publique, des cultes et des beaux-arts,

Décrète :

ARTICLE UNIQUE.

La commission d'examen des ouvrages dramatiques est rétablie.

Fait à Versailles, le 1er février 1874.

Signé : Maréchal de MAC-MAHON,
DUC DE MAGENTA.

Par le Président de la République :

Le Ministre de l'instruction publique, des cultes et des beaux-arts,

Signé : DE FOURTOU.

LOI

qui ouvre au Ministre de l'Instruction publique, des Cultes et des Beaux-Arts un crédit supplémentaire, sur l'exercice 1874, pour subvenir à la dépense qu'entraîne le rétablissement de la Commission d'examen des ouvrages dramatiques.

L'Assemblée nationale a adopté la loi dont la teneur suit :

ARTICLE PREMIER.

Il est ouvert au Ministre de l'instruction publique, des cultes et des beaux-arts, sur le budget de l'exercice 1874, en addition au chapitre XLIII (théâtres), paragraphe 6, un crédit supplémentaire de douze mille francs (12,000 francs) pour subvenir à la dépense qu'entraîne le rétablissement de la Commission d'examen des ouvrages dramatiques.

ART. 2.

Il sera pourvu à cette dépense au moyen des ressources générales du budget de 1874.

Délibéré en séance publique, à Versailles, le 24 juin 1874.

Le Président,
Signé : L. Buffet.

Les secrétaires,
Signé : Francisque Rive, Vandier, Félix Voisin,
E. de Cazenove de Pradine.

Le Président de la République promulgue la présente loi.

Signé : Maréchal de MAC-MAHON,
DUC DE MAGENTA.

Par le Président de la République :
Le Ministre de l'instruction publique, des cultes et des beaux-arts,
Signé : A. de CUMONT.

DIRECTION DES BEAUX-ARTS.

AVIS

AUX DIRECTEURS DES CAFÉS-CONCERTS.

Les directeurs des cafés-concerts sont prévenus qu'à partir de ce jour des instructions formelles enjoignent à l'inspection des théâtres de redoubler de sévérité dans l'examen de toutes les productions destinées à leurs établissements et de refuser rigoureusement tout programme qui ne serait pas présenté dans les conditions suivantes :

1° Les programmes devront tous être conformes au modèle ci-joint, et écrits très lisiblement, sous peine de refus;

2° Les programmes ne devront point contenir plus de quarante morceaux;

3° A chaque programme seront joints, dans l'ordre indiqué au programme même, les manuscrits ou les exemplaires imprimés des morceaux qui y figurent;

4° Il ne sera visé de programmes que pour deux jours au plus;

5° Chaque fois qu'un morceau interdit ou non conforme au texte autorisé figurera sur le programme, le programme tout entier sera refusé;

6° Les programmes devront toujours être déposés au bureau des théâtres avant midi; ils seront rendus le même jour, entre trois et quatre heures;

7° Tout morceau soumis pour la première fois à l'examen devra être déposé cinq jours à l'avance;

8° Les morceaux qui figureront pour la première fois sur un programme devront être inscrits à part, en tête des programmes. Les titres de ces morceaux devront être soulignés;

9° L'autorisation accordée à un morceau pourra toujours être retirée;

10° Aucune pièce appartenant au répertoire des théâtres ne sera visée pour un café-concert si elle n'est accompagnée de l'autorisation écrite de l'auteur.

Paris, le 25 novembre 1872.

CIRCULAIRE

aux Directeurs des théâtres de Paris, sur l'inspection des théâtres.

Paris, le 16 février 1879.

Monsieur le Directeur,

J'ai l'honneur de vous faire savoir que, par un arrêté ministériel en date du 15 février courant, l'inspection des théâtres vient d'être réorganisée.

Je vous invite à prendre les mesures nécessaires pour que les fonctionnaires qui la composent soient admis dans le théâtre que vous dirigez, de manière à ce qu'ils puissent s'acquitter, sans aucune difficulté, de la mission qui leur est confiée.

Je profite de cette circonstance, Monsieur le Directeur, pour vous rappeler les principales dispositions règlementaires auxquelles les théâtres de Paris sont soumis, dans leurs rapports avec l'Administration, par les lois, décrets et arrêtés qui règlent la matière.

Toute œuvre dramatique, avant d'être représentée, doit être autorisée par l'Administration, et cette autorisation peut toujours être retirée pour un motif d'ordre public.

Pour obtenir l'autorisation de faire représenter un ouvrage dramatique ancien et nouveau, vous devrez déposer au bureau des théâtres, 3, rue de Valois (Palais-Royal), quinze jours au moins avant la représentation projetée, deux exemplaires manuscrits, parfaitement lisibles, ou deux imprimés de l'ouvrage quel qu'il soit, pièce, scène détachée, cantate, romance, chanson ou chansonnette. Ce dépôt sera constaté par un numéro d'ordre inscrit sur l'ouvrage et sur un registre ouvert à cet effet, ainsi que par un récépissé qui vous sera remis au moment du dépôt.

Après l'examen de l'ouvrage, si la représentation en est autorisée, et après une répétition générale devant les inspecteurs, un des exemplaires déposés, revêtus du visa, est rendu au directeur qui peut, dès lors, faire jouer la pièce.

Le second exemplaire reste aux archives, au bureau des théâtres.

L'exemplaire revêtu de l'autorisation doit être, à toute réquisition, présenté au commissaire de police chargé de la surveillance de votre théâtre.

L'ouvrage nouveau ou repris ne peut être annoncé sur vos affiches qu'après le dépôt des deux exemplaires au bureau des théâtres.

Une autorisation spéciale d'afficher pourra vous être donnée à cet effet et aucune addition ne pourra être faite au titre approuvé.

Quant aux ouvrages qui, par leur nature, exigent de nombreuses répétitions et de grands frais de mise en scène, vous ne devrez, dans votre intérêt, les mettre à l'étude qu'après avoir obtenu l'autorisation de les faire représenter. Il est arrivé fréquemment que, pour obtenir mainlevée d'une interdiction nécessaire, les administrations théâtrales faisaient valoir le temps déjà consacré à l'étude d'un ouvrage et les dépenses considérables déjà faites pour les décors et les costumes ; l'autorisation préalable offrant aux entreprises théâtrales un moyen sûr d'échapper à un tel risque, les considérations de ce genre ne pourront donc exercer aucune influence sur les décisions administratives.

Je vous rappelle aussi, Monsieur le Directeur, que la répétition à laquelle vous convoquez l'inspection des théâtres doit avoir lieu avec les décors, les costumes, les accessoires, l'éclairage complet de la scène et de façon, en un mot, à ne dissimuler aucun des effets de la représentation.

Nulle personne étrangère au service du théâtre ne doit être admise à cette répétition spécialement consacrée à MM. les inspecteurs.

Dans le cas où l'ouvrage nouveau devrait subir quelques modifications importantes, l'Administration pourra vous demander une seconde répétition partielle ou générale.

Les répétitions de jour ne devront pas durer plus de six heures ; celles du soir devront être, autant que possible, terminées à minuit.

Les inspecteurs des théâtres devront être convoqués trois jours à l'avance pour la répétition générale.

Enfin, Monsieur le Directeur, vous aurez à vous entendre avec le service de l'affichage pour que, chaque jour, un exemplaire de votre affiche soit déposé au bureau des théâtres.

Je vous serai obligé de vouloir bien m'accuser réception de cette circulaire.

Recevez, Monsieur le Directeur, l'assurance de ma considération la plus distinguée.

Le Sous-Secrétaire d'État des Beaux-Arts,

Signé : EDMOND TURQUET.

CIRCULAIRE

aux Préfets sur l'examen et l'autorisation des pièces de théâtre.

Paris, le 9 novembre 1887.

MONSIEUR LE PRÉFET,

Mon collègue, M. le Ministre de l'intérieur, vient d'appeler d'une façon tout à fait particulière mon attention sur l'inobservation assez fréquente des instructions ministérielles relatives à la police des théâtres et qui ont fait l'objet d'une circulaire de l'un de mes prédécesseurs, en date du 24 janvier 1880.

J'ai l'honneur de vous confirmer les termes de cette circulaire qui, visant la réglementation rétablie par la loi du 30 juillet 1850, maintenue par le décret du 6 janvier 1864, et expliquée par la circulaire ministérielle du 28 avril suivant, rappelait aux préfets des divers départements :

1° Qu'il leur appartient d'examiner et d'autoriser, sous leur responsabilité, les pièces nouvelles destinées à être représentées pour la première fois sur un des théâtres de leur département, sauf à en référer au Ministre des beaux-arts, s'ils le jugent utile ;

2° Que si, parmi les pièces autorisées à Paris, il s'en trouve qu'ils jugent ne pouvoir être jouées sans inconvénients dans leur département, ils ont toujours le droit d'en interdire la représentation, en donnant avis de cette décision à l'Administration supérieure ;

3° Que les ouvrages interdits à Paris, le sont, par cela même, pour toute la France.

Pour assurer l'exécution de cette dernière disposition, MM. les Préfets étaient invités à transmettre chaque année, à la direction des Beaux-Arts, les répertoires que les directeurs des théâtres de leur ressort sont tenus de soumettre à leur approbation, au commencement de chaque campagne théâtrale ; ces répertoires devant leur être retournés, courrier par courrier, avec le visa de l'inspection des théâtres et toutes les indications propres à les éclairer sur les mesures à prendre.

Je n'ai rien à changer, Monsieur le Préfet, à ces instructions qui n'ont jamais cessé d'être en vigueur et que je vous serai très obligé de faire ponctuellement observer par votre administration.

Je vous prie de m'accuser réception de la présente circulaire, dès qu'elle vous sera parvenue.

Recevez, Monsieur le Préfet, l'assurance de ma considération très distinguée.

Le Ministre de l'Instruction publique, des Cultes et des Beaux-Arts,

Signé : E. SPULLER.

H

COMMISSION DES THÉÂTRES.

[illegible]

[illegible]

DÉCRET

instituant une commission consultative des théâtres.

Le Président de la République française,

Sur le rapport du Ministre de l'instruction publique et des beaux-arts,

Décrète :

ARTICLE PREMIER.

Une commission consultative des théâtres est instituée auprès du Ministère de l'instruction publique et des beaux-arts.

ART. 2.

Cette commission peut être appelée à donner son avis sur toutes les questions de législation et d'administration relatives aux théâtres, notamment sur la rédaction et l'exécution des décrets, cahiers des charges et actes administratifs régissant ces établissements ou se rapportant à eux.

ART. 3.

Elle est convoquée, à des époques indéterminées, lorsque les besoins du service l'exigent.

L'ordre du jour de chaque séance est arrêté par le Ministre; il ne peut y être dérogé.

ART. 4.

La commission peut appeler devant elle, avec l'agrément du Ministre, les directeurs de théâtre ou les fonctionnaires de l'administration des beaux-arts qu'elle croit utile d'entendre sur les questions qui lui sont soumises.

Elle peut constituer des sous-commissions chargées d'étudier, dans l'intervalle de ses réunions, les questions portées devant elle et de lui en faire un rapport.

ART. 5.

Les membres de la commission sont nommés par le Ministre, qui les choisit parmi les membres du Sénat, de la Chambre des députés, du Conseil d'État et de l'Institut, les chefs ou fonctionnaires de services publics et les présidents ou membres d'associations, régulièrement constituées, se rattachant à l'art dramatique.

Ne pourront en faire partie les directeurs de théâtre et les personnes directement intéressées dans une exploitation théâtrale.

ART. 6.

Le Ministre de l'instruction publique et des beaux-arts est chargé de l'exécution du présent décret.

Fait à Paris, le 23 août 1888.

Signé : CARNOT.

Par le Président de la République :

Le Ministre de l'Instruction publique et des Beaux-Arts,

Signé : Éd. LOCKROY.

ARRÊTÉ

nommant les membres de la commission consultative des théâtres.

Le Ministre de l'instruction publique et des beaux-arts,

Vu le décret du 23 août 1888;
Sur la proposition du directeur des Beaux-Arts,

Arrête :

ARTICLE PREMIER.

La commission consultative des théâtres est composée de la manière suivante :

Le Ministre de l'instruction publique et des beaux-arts, *président;*
MM. Gustave Larroumet, directeur des Beaux-Arts, *vice-président;*
Jules Comte, directeur des bâtiments civils et des palais nationaux;
Calmon, sénateur, membre de l'Institut;
Édouard Charton, sénateur, membre de l'Institut;
Denormandie, sénateur;
Adrien Hébrard, sénateur;
Emmanuel Arène, député;
Henry Maret, député;
Antonin Proust, député;
Gustave Rivet, député;
Paul Dislère, conseiller d'État;
Paul Dupré, conseiller d'État;
Poubelle, préfet de la Seine;
Lozé, préfet de police;
Ambroise Thomas, membre de l'Institut, directeur du Conservatoire national de musique et de déclamation;
Alexandre Dumas, membre de l'Institut (Académie française);
Charles Garnier, membre de l'Institut (Académie des Beaux-Arts);
Charles Gounod, membre de l'Institut (Académie des Beaux-Arts);
Ernest Legouvé, membre de l'Institut (Académie française);
Camille Doucet, secrétaire perpétuel de l'Académie française, président de la commission des auteurs et compositeurs dramatiques;

MM. Colmet d'Aage, président de l'association des artistes musiciens;
Halanzier, président de l'association des artistes dramatiques;
Armand Gouzien, inspecteur des Beaux-Arts, commissaire du Gouvernement près les théâtres subventionnés;
des Chapelles, chef du bureau des théâtres, *secrétaire;*
Henry Regnier, sous-chef du bureau des théâtres, *secrétaire adjoint.*

ART. 2.

Le directeur des Beaux-Arts est chargé de l'exécution du présent arrêté.

Fait à Paris, le 23 août 1888.

Signé : Éd. LOCKROY.

TABLE.

Pages.

D

OPÉRA-COMIQUE.

E

ODÉON.

F

ENSEIGNEMENT MUSICAL ET DRAMATIQUE.

G

INSPECTION DES THÉÂTRES.

H

COMMISSION DES THÉÂTRES.

www.ingramcontent.com/pod-product-compliance
Ingram Content Group UK Ltd.
Pitfield, Milton Keynes, MK11 3LW, UK
UKHW022111260726
13993UKWH00001B/453